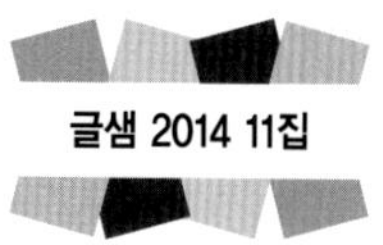

불면하는 겨울

불면하는 겨울

정미경 이동희 우옥자
양소연 신순자 송혜경
손영자 김태환 김소영
김경식

다시올

차례

시

정미경 _ Fantagia on greensleeves / 밑둥 세 번째 나뭇잎
장릉산 자락 / 위미항 / 역役 _ 8

이동희 _ 소래포구에서 / 유모차
어찌할 수 없는 오후 / 서러운 시간 / 섣달그믐 _ 16

우옥자 _ 호우를 기다리며 / 외투
분재하다 / 氷河期를 통과하다 / 정비소에서 _ 24

양소연 _ 분리불안으로부터의 未分 / 윤중로의 봄 _ 32

신순자 _ 불면不眠하는 겨울 / 죽사 가는 길
맡기다 / 거리에서 너를 / 항등식恒等式 _ 36

송혜경 _ 단풍 / 따스운 심연深淵 / 저녁상 앞에서
제주도에서 / 해먹을 타고 / 외로운 카스 _ 44

손영자 _ 골무를 만지다 / 유통기한
갇히다 / 퇴직 후유증 / 갑사의 가을 _ 54

김태환 _ 김도욱에게 / 나르시시즘
下心 / 둘째를 위한 기도 / 빈 문서 1 _ 62

김소영 _ 숨바꼭질 / 임계점
자란다 / 말 _ 74

김경식 _ 한 그루 나무 같은 / 내력來歷
실낙원失樂園 / 덕달귀 / 적막한 말 _ 80

다시 읽는 시

김기정_기타 치는 아이들 _ 86
김애란_안개 _ 87
양현숙_금붕어 되기 _ 88
조미영_한탄강 안개 _ 89
고지연_낙인된 새 _ 90
박미영_고독 _ 91
강건후_도장 파는 사내 _ 92
박순서_등산 안내 _ 94
최영란_결혼 _ 95
박규현_풀국새 우는 오후 _ 96
김오영_겨울 동화 후편 _ 97
문명란_산사山寺의 단풍 _ 98
백경녀_내소사 _ 99
100 _ 내 마음_백종미
101 _ 사랑_신순자
102 _ 오정대로梧亭大路_양소연
104 _ 수선하는 도시_우옥자
105 _ 4월_김설영
106 _ 늙은 책의 꿈_이동희
107 _ 봄_김소영
108 _ 잃어버린 길_김경식
110 _ 꽃밥_손영자
111 _ 노란색 취향_정미경
112 _ 강매역江梅驛_조영환
114 _ 슬픔_최재웅

차례

등단시인 소개

양소연 _ 이명耳鳴 / 이 뽑기
휘돌다 구부러진 / 성묘 / 폐경 즈음에 _ 116
당선소감-강 건너 저쪽 _ 122
심사평 – 절실한 내면적 갈망을 개인적 상징으로 전하는 서정시 _ 124

주제수필 〈여행〉

김경식 _ 136
푸른 하늘 끝닿은 저기

김소영 _ 141
베이징, 그곳에 가다

손영자 _ 147
동행

송혜경 _ 152
교촌모과차를 마시며

신순자 _ 159
장에 가는 길

우옥자 _ 163
人生의 맛이 쓰고 매울 때

이동희 _ 178
나만의 여행

정미경 _ 182
낯설음 탐닉

문학기행

이동희 _ 185
自由하는 영혼을 찾아서 – 시인 韓何雲을 中心으로

정미경

Fantagia on greensleeves
밑둥 세 번째 나뭇잎
장릉산 자락
위미항
역役

정미경

《다시올문학》 시 등단
글샘 동인, 동인시집 『사과의 변증법』 외
yjmky@hanmail.net
http://blog.naver.com/yjmky

Fantagia on greensleeves 외 4편

정 미 경

청 벚꽃을 보러 간다고 했다

스무 살 즈음
푸른 옷소매 주제에 의한 환상곡을 처음 들었다

바다처럼 푸른 옷자락
하얀 얼굴의 유럽 소녀가
넓은 옷소매를 나풀거렸다
설핏 심해의 흔들림
한 여인이 걷는다 아다지오 왈츠풍으로
푸른 가을 하늘의 표정으로 춤을 춘다
푸른 옷 소매가 빙빙 돈다

스무 해 이상을
블루한 블루의 옷소매가
환상처럼 살랑거렸더랬는데

우연히 알게 된 원제목
환타지아 온 그린 슬리브스

그린과 블루 사이를 가늠해본다
그린과 블루는 백 광년 이상 멀고도 먼 거리
내 생에 가 닿을 수 있을까
블루 소매 여인에서 그린 소매 여인에게로

오늘 청 벚꽃 보러 가자는 청을 물렸다

밑둥 세 번째 나뭇잎

무음의 비명소리
흰 피가 울컥 솟구쳤다

고무나무 잎자루가 부러졌다
단면이 두 눈을 감고 자지러진다
끈적한 수액이 뚝뚝 떨어진다
징한 진초록 번들거리는 표피 아래
이리도 아득한 흰 빛이라니

무시로 오갔을 길들이 끊기자
쏟아져 나온 저 순백의 아우성
순간
단면의 지층이 눈을 뜨고 결을 고른다
숨결을 고른다
거울을 보듯
제 대응점을 찾아 끌어당긴다

두 단면의 아귀를 맞추고
스카치테이프로 붙였다

잎은 줄기에게 안녕의 안부를 전한다

장릉산 자락

겨울 숲에서
나무들은 제 상처를 숨기지 않습니다
부러진 가지는 그저
바람의 일이려니
드러난 뿌리도 무심히
땅의 일이려니
묵묵합니다

겨울 숲에서
해는 제 키를 낮추고
더 깊이 내려앉습니다
나무의 결을 따라 몬지락 몬지락 어루만집니다
한 번도 닿지 않은 숲의 깊은 몸을
잔잔히 애무합니다

이내 겨울 숲이 파르르 떨면
청설모도 까치도
가만가만 음전해집니다

겨울 숲에서
아직도 마른 잎 붙잡은 나무 앞에선
가벼운 조의나 경의를 표하세요
아직 그 내막을 알 수 없으니까요

위미항

오후 두 시 위미항에선 아찔한 첫 키스가 기억난다 가만히 못 있는 물껍질 때문에. 막 날아오르는 새 마냥 바다는 낱낱이 부서져 파닥인다 부서진 조각마다 내 사랑이 박힌다 부서진 조각에 두 눈을 베이고 사이렌(siren)의 노랫가락이 두 귀를 녹인다

오후 두 시 위미항에 가라앉으면 용궁에 닿는다
심청이 심봉사 구경시켜 줄 법한 용궁에 닿으면
줄돔이 줄줄이 저린 다리 밟고
벵에돔이 뱅뱅 탑돌이 한다
해국 잔잔히 핥고 간 바람에
풀 잎사귀 느리게 헤적이고

역役

톡.톡.톡.
작은 새 하나가
나무의 정수리를 치고 있었다

폴
폴
폴
눈송이가 날렸다

나무는, 키가 큰 나무는 잠잠했다
가지마다 눈이 쌓여 하향의 자세를 취하고 있었다
골똘한 나무의 생각으로 숲은 평온했다

비엔나숲에서 슬로베니아로 국경을 넘어가는 곳.
달리는 차창에서 만났던 키 큰 나무가 따라다닌다

어떤 이는 자꾸 칭얼대는 배역을 맡는다
그 곁에 그걸 짊어진 이가 늘 있다

폴
폴
폴
눈송이를 날리며.

이동희

소래포구에서
유모차
어찌할 수 없는 오후
서러운 시간
섣달그믐

이동희

Pablo Neruda 기념문학상 신인상(현대시)
《서정문학》 신인상(수필)
가톨릭문예 작품상(2012/현대시)
ss75400@naver.com

소래포구에서 외 4편

이 동 희

하루의 파도를 따르던
뱃사람들의 고단한 삶의 무게가
닻과 함께 포구에 내려지고
녹슨 철교 위엔
갈매기들만 무심히 맴돌고 있을 뿐,

수인선 기차는 더 이상 오지 않는다

저무는 노을이
되돌릴 수 없는 시간의 언저리를
더듬고 있을 때,

이정표 없는 길 위에서
갈 곳 없는 그림자가 비틀거린다

유모차

현관문에서 유모차가
어머니를 기다리고 있다

녹슨 뼈대와 볼륨 없는 천 조각,
닳아빠진 바퀴

사랑받던 날들은
세월 밀어낸 바퀴의 궤적 따라
흔적도 없이 사라지고

제 몸을 던지는 암사마귀처럼
푸석해진 빈껍데기만 남은 어머니가
유모차와 단단히 한 몸 되어
성당 가는 가파른 언덕길을
느릿느릿 힘겹게 넘어갈 때,

어머니의 굽은 어깨 위로
늙은 햇살이 부서져 내린다

어찌할 수 없는 오후

평일의 한적한 도서관엔
빈자리마다 침묵만 자리하고
장벽처럼 늘어선 서가마다
겨울 햇살이 힘없이 부서져 내린다

구석진 자리에서 책을 펼쳐보지만
초점은 어긋나기만 하고
실낱같은 기대를 꽉 움켜잡고
희어져 가는 머리칼만 쓸어내린다

심란하게 뇌리에 밀고 들어온
내 또래 자영업자의
지하철 투신자살 뉴스를
요양원의 노모 생각으로 밀어낸다

턱밑까지 갑갑한 시간이
견딜 수 없게 몰아붙일 때마다,
연신 담배 연기 속에
구인정보를 검색해 보건만
쉰 줄의 어깨는 자꾸만 무너져 내린다

서러운 시간

목련이 담장 너머로
봄 햇살을 느끼고 있었다

느닷없이 날아든 바람이
목련 꽃잎을 떨구고 사라졌다

남루한 골목길의 풍경만
담아두었던 목련꽃은
그 누구에게도 주목받지 못한 채,
생을 마감해야만 했다

담장 아래로 스타카토처럼,
사라져 간 목련의 시간과
열린 대문 안으로 몰래 들어와
울어대는 도둑고양이의
허기진 눈 속에 새겨진 시간은
모래시계를 벗어나지 못하는 같은 처지

꽃잎을 잃은 목련 나무는
흩어져 내리는 늦은 오후를
붙잡고 있었다

섣달그믐

언제 집을 나왔는지 기억조차 가물가물

기초노령연금 받는 팔순 노모는
돌부처처럼 입을 굳게 다무셨다

섣달그믐,
내 해진 지갑 속엔
구겨진 천 원짜리 몇 장과
로또복권 한 장뿐

뭐 하나 살 돈도 없으면서
설 대목으로 정신없는 시장을
이리저리 쏘다녀 보지만,
존재감 없는 우울한 발걸음에
연신 담배만 피워 문다

설맞이 준비로 들뜬
거리의 북적거림을 외면하고
어둠만 데리고 돌아온 저녁,
13평 빌라 옹색한 주방엔
팔순 노모가 끓인 떡국이
죄스런 더부살이에
슬픈 눈물로 흘러내린다

비정규직과 실직을 넘나들면서
아내의 독기 서린 바가지 속에
쫓겨나듯 했던 별거

더 이상 어찌할 수 없는
섣달 그믐밤은 잠들지 못한다

우옥자

호우를 기다리며
외투
분재하다
氷河期를 통과하다
정비소에서

우옥자

2008년 《다시올문학》 (시) 등단

글샘 동인, 동인시집 『오이지 단지』 외 9권

현 운양고등학교 재직

wooropa@hanmail.net

http://blog.naver.com/wooropa

호우를 기다리며 외 4편

우 옥 자

겨울을 건너온 도시
마스카라 번진 듯 도시의 창문이 얼룩졌다
비인지 눈인지 모를 가뭇가뭇한 비
끈적한 점액질로 꿈틀거리는 바퀴 자국들

참을 수 없이
2월이 근질거린다
고약처럼 엉겨 붙은 잔설, 더러워진 간판
상처를 소독하고 묵은 더께를 털어내고
겨우내 차오른 새살을 꺼내고 싶은 것이다

머리를 감고 싶은 거리의 나무들
거칠게 홈통을 빠져나가는 물소리
모링가향 비누 거품을 물고 소용돌이치는
쿨럭쿨럭 하수구 거친 트림 소리를 들으며
젖은 커피 향을 떠올리는 것이다

차들이 비명을 지르며 달려간다
무표정한 회색 거리
새도우를 덧칠하고 붉은 입술을 그려 넣는다
라디오 볼륨을 올리고
게릴라성 집중호우 경보를 기다린다

외투

머리맡에서 낯선 숨소리가 건너온다

악몽에 버둥대다 깨어보니 새벽녘 잠결에 바라본 의자에 누군가 끄덕끄덕 졸고 있다 취기에 비틀거리며 돌아와 아무렇게 벗어던진, 다이아몬드 모양으로 사방을 철옹성처럼 누빈 외투를 입고 있다

머리끝까지 배수진을 친 겨울
저 껍질에서 기어 나와 칼잠을 청하는 동안, 막장의 어둠을 지키고 있었을 것이다. 겨울 쪽방까지 오는 동안 넘어져 나뒹굴던 내 몰골을 가려준 저것, 주저앉으려는 텅 빈 공간을 버티고 있다

라면 국물 얼룩진 앞자락
수없이 세상에 부대낀 반질반질한 소맷부리
움츠린 목 언저리에 밴 해묵은 냄새
한 줌의 온기를 지켰을 저 헐렁한 육체가

풍차를 향해 달려나갈듯
저 갑옷이 밤새 불침번을 서고 있다.

분재하다

한세상 허비하고 나잇살 들어 밑동 제법 굵어졌거든
허리통 어디쯤 싹둑 정강이도 뭉텅뭉텅 쳐내고
곱사등 앉은뱅이로 다시 살아볼 일이다

꽃 핀 자리 잎 돋은 자리 모두 잊고
좁다란 화분에 냉큼 올라앉아
가부좌 틀고
요가 하듯 휘돌다 비틀어져
문둥이 몸에 새살 돋기 기다리는 거다

목마르고 어둑어둑한 길

고물고물 발치에 꼼지락거리는 기척
눈감고 오래 들으리라
수군수군 우듬지에 나부끼는 이파리
실눈 뜨고 지그시 바라보리라

암, 늙어야 맛이지

늦둥이 본 저 할매
자글자글한 눈매에 함지박만 한 꽃 피거든
손뼉 치며 깔깔깔 되게 웃어주리라

氷河期를 통과하다

냉동실을 파먹고 살았다
아침엔 바나나와 블루베리를 갈아 만든 스무디
저녁에는 얼린 밥을 녹여 먹었다

얼음 조각들이 웅크리고 잠든 동굴
등뼈까지 칼집 넣은 간고등어, 핏물 말라버린
고기 몇 덩이 뒤적이다 보면
지난 잔치에 남은 부침개, 떡 부스러기
그와 함께 먹던 피자 몇 조각

덩어리로 뭉쳐 떨어지지 않는다
일회용 비닐에 둘둘 싸거나
조막조막 나누어 얼렸어야 했다
짜거나 건조한 것이면 좋았을 것이다

마지막 그의 손을 붙잡자
찍! 감전된 듯
순간이 얼어붙었다

멀리 불빛 한 점 걸어오고 있는 저녁이다
보드카 한 잔을 떠올린다
해바라기 씨가 남아있을지도 모른다

정비소에서

주행거리 20만을 가리키는 계기판 핼쑥하다
땅에서 절대로 떨어질 것 같지 않던
네 발이 허공에 떠 있다

바퀴는 지나온 길의 지문을 기억하는지
큰 몸집이 아무 저항도 없이 아랫도리를 드러낸다.
기름때 절은 사내가 구석구석 내밀한 몸체를 살피는 동안
감을 수 없는 그 큰 눈이 멀거니 거리를 바라보고 있다
들들들, 부식된 시간의 파편이 불꽃 튀며 날아간다
검고 딱딱한 피를 뽑아내고 있다

카니발, 내게 최고의 선물이었지
언제든 떠날 수 있었고 돌아오고 싶을 땐
더욱 좋았다
기차는 8시에 떠나네
멜랑꼴리한 음악이 흘러나올 때
저무는 강가에서 혼자 울기 좋았다

얼룩 자국, 긁힌 자국
유행도 한참 지나간 스타일
골병이 든, 연식조차 전설이 된 똥 車다

낯선 곳에서 불현듯 멈춰설지 모르지만
가르랑가르랑 기침 같은 시동을 걸고
세상의 길 위에서 푸른 신호를 기다릴 수 있다는 것
머리칼을 헝클어뜨리는 바람을 거슬러
달릴 수 있다는 것

양소연

분리불안으로부터의 未分
윤중로의 봄

양소연

《다시올문학》 신인문학상
문학동인 글샘 동인, 동인시집 『휘돌다 구부러진』 외 9권
부천 내동중학교 근무
ysy19kr@hanmail.net
http://blog.naver.com/ysy19kr2

분리불안으로부터의 未分 외 1편

양 소 연

외풍 센 하꼬방 다다미 바닥.
엄마는 아픈 나를 눕혀놓고 안타까운 눈으로 바라보다가
따뜻한 물 담은 링거병을 겨드랑이께 놓아두고는
절박한 생계를 위해 가게로 나가셨다.
나는 기침을 하며 벽지의 무늬들과 놀았다.

오지 않는 엄마의 발걸음 소리를 기다리며,
외로움이나 그리움은 생존의 불안을 먹잇감으로 삼는
공포와 같은 범주에 있는 것이라서
결코, 까짓 외로움, 까짓 그리움이라고 불러서는 안 된다는 걸 배웠다.

그 방의 첫 기억으로, 독한 사랑과 이별을 거듭하는 동안
집은 허물어져 새로 지어지고 또 지어지고,
앞길은 넓어지고 더 넓어졌는데

정작 나는 아직도 그 방문을 다 닫지 못해,
면역이 떨어지면 다시 돋는 다래끼처럼
무턱대고 찾아오는 외로움이나 그리움이 나를 감당할 수가 없다.

너무 오래 그 방에 머물러 있었다.

윤중로의 봄

간혔다
차에 갇혔다
차에서
태양은 가득히 Spring Summer Winter and Fall을 들으며
눈물이 흐르는 갇힌 나이가 되었다
강에 갇히고
길에 갇히고
봄꽃에 갇히다

신순자

불면不眠하는 겨울
죽사 가는 길
맡기다
거리에서 너를
항등식恒等式

신순자

글샘 동인
원종고등학교 근무
iicandoall@naver.com

불면不眠하는 겨울 외 4편

신 순 자

벽에 걸려 빨갛게 빛을 발하는 시계
디지털은 어둠 속에서 더 빛나고 있다

정확한 시간을 깜박이던 철칙대로
경각심을 주듯 시각을 지적한다

붉은 점들의 점등과 점멸 사이를
하나둘 짚어가는 시간

일찍 잠들지 못하는 밤이 있는 것처럼
한밤중에 깨어나 다시 잠들지 못하는 밤

아무리 천천히 어제를 되짚어 보아도
자는 것 외에는 아무것도 허락하지 않는 듯 모든 연상은 거부당한다

똑딱이는 간격에 무심하려 할수록 점점 가까이 귀를 울리고
이리저리 돌아누워 몸을 말아도 한쪽 눈조차 졸리지 않는 그믐

뜻밖의 죽음을 예견한 몇 년 전 그 불면의 밤이 트라우마로 살아나
무서움에 간절히 졸음을 청해도 점점 맑아지는 잠결

눈을 뜬 채 누워서 걷는
한겨울
긴 밤

죽사 가는 길

서산 시내에서 팔봉八峯 들어가는 산길
사계절 댓잎 소리 들리지 않아도 죽사竹寺

대나무절 가는 길
오르막 내리막이 꽃잎처럼 겹쳐
보이지 않는 차가 튀어나오는
백팔 배라도 하라는 듯
기어서 올라가는 길

아무도 없는 빈 길
천천히 엎드려 가고
함부로 뻗친 잡목의 주인행세에
긁힌 자국을 보면서도
그 길을 추억한다

대나무에 넘어갔다가
대나무를 보지 못해도
부처님 자비를 느끼고 오는

쨍쨍한 햇빛 한 줌 들지 않는
서늘한
죽사 가는 길

맡기다

삶은 무서운 공존이다
그런데다 조화를 모른다
웃음과 눈물의 조합 속에
순서를 고려하지 않는다
웃은 다음에 울어야 한다든가
두 번 울면 한 번은 웃게 한다든가
간단한 규칙마저 없다

한 번도 생각하지 못한 지점에
내려놓고 떠나버리는 뜻밖의 삶
이미 예정처럼 준비된 것이라 하며
누군가 내민 제비를 뽑는다
삼만 원의 붉은 부적에
불안과 액땜을 바꿔가며
남은 생을 넘겨받는다

거리에서 너를

죽은 듯 자리만 지키던 나무가
도둑처럼 움을 틔웠을 때
너를 만난 옛날이 새싹으로 돋아난다
아무것도 아닌 것에 한참을 웃었던
스무 살 숨을 잠깐 쉬어보았다
여린 잎의 연두가 다 눈에 차기 전
시신경이 부풀어 올라
압력을 누르며 가다듬은 숨결
숨이 한번 기도로 넘어간다

사고다발지역 입간판이 서 있는
일람리一覽理 저수지를 지날 때
대낮에도 틀어박혀 있던 안개
그 속에도 너는 있었다
공기와 습기라는 말에서 오는
적나라한 무거움의 차이
겹겹의 시간 속의 믿음에도
너와 안 되는 이유는 똬리를 틀었다
가라 서라 명시하는 신호등 앞에서
주황빛 점등 신호 앞의 발끝처럼
그 짧은 시간에도 몸에 밴 망설임

선명한 지령을 받지 못한 나의 선택은
산란하는 빛처럼 불안하다고 한 너
너의 짧은 호명 사거리의 바람 되어 불고
어디로 갈 줄 모르는 낙엽 갓길에 기대어 있다.

항등식恒等式*

자식이 살아만 있어 주는 게 효도라며 눈물도 삼키지 못하는 부모, 모든 말에 내가 죄인이라는 후렴구를 붙인다. 마흔 넘은 아들이 제 짝 찾아 살가웁게 사는 것만 보면 지금 당장 죽어도 여한이 없겠다며 손사래를 치는 평상 위 부부, 딸 몰래 쥐여준 사위의 십만 원을 자랑하는 101동 할머니에 고개를 끄덕이며 부러워하는 경로당 노인들, 김장할 때 가지도 못하고 택배로 받아먹어 죄송하다는 며느리 전화가 뭐가 그리 흐뭇하다는 건지 그걸 자랑처럼 한다. 자식새끼 입에 밥 들어가는 소리만 들어도 행복하다는 소리가 그리 현실적으로 다가오지 않는데, 지금보다 조금 더 행복하게, 재미나게 사는 것이 효도라는 것에는 이의를 달지 못하겠다. 마음속에 든 생각 조금 꺼내어 비추어 주는 게 행복의 항등식을 만드는 문자

* 항등식-문자를 포함한 등식에서, 그 문자에 어떤 값을 넣어도 항상 성립하는 등식

송혜경

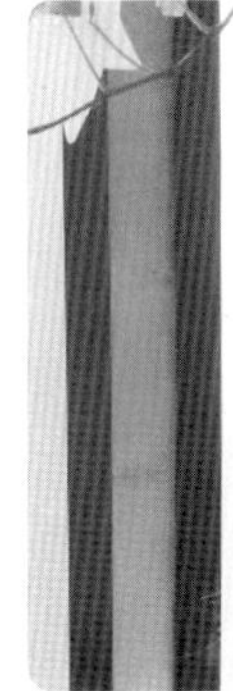

단풍
따스운 심연深淵
저녁상 앞에서
제주도에서
해먹을 타고
외로운 카스

송혜경

글샘 동인
부인중학교 재직
shk7976@naver.com

단풍 외 5편

송 혜 경

한 생명이 끝나갈 때
마지막 남은 영혼의 색
빨강

한여름 허공에 길을 내다
자신의 혼 뜨거운 줄 모른 채
산화한 초록 위로해 줄
유일한 색

이제 차가운 가을 하늘 아래
텅 빈 가슴 끌어안고
스스로 타오르는
빨강

처연하게 치솟아
끝내 허공마저 불사르고
마지막
미소 짓는

따스운 심연深淵

시골집에 오랜만에 전화를 걸면
깊고 어두운 수심 어딘가에서
일렁이며 손짓하는 낮은 음성
– 박 서방이랑 애기들은 다 잘 있냐아?

어린 시절 우리들 뛰노는 소리
찰박이던 시골집에는
이제 낙엽만이 모여들어
아부지의 정적에 파문을 그린다
– 놔둬라. 멀고 차 막힌디 뭣헐라고 온다냐

금성산 아래 깃든 지 아흔 해
이제 곧 날 선 바람이 수면으로 불어오면
결빙될 날이 머지않은 생애
– 나는 잘 있응께 아무 꺽정할 것 없시야

조무래기 아들딸들이 쓴 시를
나직이 읊조려 주시던 목소리로 아부지는
아껴둔 마지막 온기를 모아
지상에서 가장 따스운 비를 내리신다
– 부모가 뭣이라고 이 먼 데까지 온다냐아
느그들이 항상 고생헌다아

저녁상 앞에서

시든 배춧잎처럼 숨이 죽어
상 앞에 앉은 늦은 저녁

입을 벌리면 내 속에 또아리진
쉰내 나는 고약한 말들
왈칵 쏟아질 것만 같아
밥 위에 체념을 얹어 삼키는 시간

고개 숙인 젓가락 아래
붉게 버무린 파김치 한 접시
시큼한 향으로 나를 감싼다
며칠 전까지도 맵고 풋내만 나던 파 줄기들
서로 아린 상처가 되어 부대끼더니
어느새 순하게 어우러져
칼칼하던 파 뿌리에 감칠맛이 들었구나

천천히, 바람 불 듯 눈이 젖는다
차오른다
아아, 나는 파김치보다도 못하구나
긴 시간 삭아
스스로 우러나온
파김치보다도 덜 익은 사람이구나

더운 눈시울로 묵묵히 파김치를 먹었다
늦은 저녁상 앞에서

제주도에서

1.
바람을 맞는다
수평선 저 멀리 태평양에서
거침없이 달려온 기단氣團이
성산일출봉에서 숨을 고른 후
용눈이오름 억새의 머릿결을
쏴아아 쓸어준다

깨끗하고
거침없는
큰바람을 쐬며
돌하르방도 시원하게 웃고 있다

2.
모래를 밟는다
생명이 흙으로 돌아가듯
바위가 부서져 모래가 됨이
가장 생명다울 수 있는 월정리月汀里에서
모래는 길을 지우고
바다와 하나가 되어
하늘 아래 자유가 된다

해녀할망도 깊은 바다로 스미고 있다

해먹을 타고

임진강 변 참나무숲
세월 이겨낸 나무들이 허락하는
묵직한 흔들림, 그 허공의 음계에
해먹 하나 걸치고 눕는다
뿌리 내릴 곳 찾지 못해 날아온
홀씨 같은 나를 아름드리 참나무가
어머니처럼 품고 다독여 준다
태초의 음 찾아 숨 고르는 강물의
낮은음자리표 베고 누워
투명한 햇빛에 구석구석 말리는 몸
바람에 내려놓으며
흔들릴 때마다 가까워진다
푸르고 둥그렀던 나에게로 돌아가고 있다
커다란 잎사귀 품에 안긴
작은 도토리 한 알 되어
흔들리며 치유되고 있다
스스로 멈출 수 있는 그때까지
허공이 이끄는 대로 천천히
천천히 흔들리며

외로운 카스*

네모난 어둠을 가볍게 두드린다
원시遠視로 진화해 가는 카스의 시간
어둠 너머 전송된 먼 추억을
생생하게 리모델링해 재현한다

빛바랜 기억 속 네가 꺼낸
선명한 사진과 짤막한 몇 줄
매진된 객석에 퍼지는 방백처럼
때론 아무 때나 홀로 되뇌는 독백처럼 나를 응시한다
댓글과 공감을 달고 퍼지는 카스의 공명共鳴
맞춤형 신호음을 마련해 주는 영민함까지 가졌다

섬세한 듯 촉觸을 세울 차례
눈이 침침한 시간 여행자는 마지못해
긴 울음에 살짝 부표를 띄운다

좋아요, 새로 도전한 마멀레이드 요리 기뻐요, 장난꾸러기 세 아이들의 사랑스러운 모습, 프랑스 여행에서 싸게 득템한 명품 멋져요, 좋아요, 기뻐요, 멋져요, 좋아요 카스의 붉은 심장은 뛸수록 점점 빨라진다, 소용돌이친다, 오래전 맑은 바람 일었던 너의 눈빛과 붉었던 볼과 우리가 푸른 하늘에서 길었던 흰 구름, 빨아들인다, 눈먼 우주 홀리는 차갑고 붉은 화성처럼, 우리가 잃어버린 따습고 깊은 대화까지

십 년 넘게 보지 못한 너에게
오늘 나는 쓴다
너의 등 뒤에서

보고 싶다
눈앞에서 보이지 않는 네가

* 카스- 카카오스토리를 줄여서 부르는 말

손영자

골무를 만지다
유통기한
갇히다
퇴직 후유증
갑사의 가을

손영자

〈부천 신인문학상〉 수상
글샘 동인
계남초등학교 근무
023362@hanmail.net

골무를 만지다 외 4편

손 영 자

반짇고리 한쪽 잊혀진 이름
몸 곳곳에 찔린 흔적
날카로운 바늘을 받아 주는 검지의 모자

손끝 매웠던 할머니는 바느질로 생계를 꿰매었다
전장 같았던 숨 가쁘던 매운 살림에 구부러진 손가락으로
한 땀 한 땀 걸어가 긴 밤 한 채를 다 만들었다

장롱 한쪽에 묻힌 골동품 나무 반짇고리
호롱불 아래 밤새워 건던 먼 길과
스쳐 간 지문의 쓸쓸한 저녁이 스며있다

생의 바람막이가 되어 주던 손가락 투구
너덜해진 속에는
바늘귀에 실 꿰어 달라시던 목소리가 들어있다

아득히
음률 고르던 다듬이질 소리 들린다

유통기한

취미용 자동부화기
어미 품처럼 따뜻하다

로봇과 동화책이 엉클어진 아이 방 책상 모퉁이
작은 부화기가 올려져 있다
부화기 한쪽에 유정란 하나
덩그마니 누워 부화를 기다린다
언제쯤 문 열고 나올까
아이는 매일 눈을 떼지 못한다

어느 날 금이 가더니
어미 체온도 모르는 알이 입을 열었다
엄마도 친구도 없어 무얼 붙들고 세상을 물어볼지
어찌할 바를 모른다
막막한 허공을 향해 울음을 멈추지 않는다
미래라는 단어는 부화에 추가되지 않았다
유통기한은 언제까지인가
장난감통 옆으로 옮겨진 작은 상자
살아있는 놀잇감이 추가된 놀이방
아이의 손이 바빠진다

호기심이 몰려왔다
놀이용 병아리 한 마리
축 늘어진 채 이 손 저 손으로 건너다니기에 바쁘다

갇히다

뉴스예보에 짙은 안개가 묻어있다
이른 아침
서둘러 준비했지만
골목 초입에서 안개에 포위당했다
나아갈수록 안개는 서서히 숨통을 조여 온다
차량은 집요한 안개에 고개만 내밀고
제 자리가 불안해 연신 소리를 내질렀다
나아갈수록 더 빽빽한 밀도
최대한 속력을 줄였다
시야가 먹먹해졌다
짙은 안개 늪에 빠져
비상등만 밝힌 채 길 위에서 머뭇거렸다
곁을 지나가는 차 소리에도
여기가 도로인지 하늘인지 모호하다
차를 버리고 걸어가리라
차 문을 여는 순간
안과 달리 세상이 환하다
아뿔싸, 선팅 된 듯 차 유리창에 수증기가 두텁게 서려 있었다
윈도 브러시를 매달고도 생각은 그곳까지 미치지 못했다
스스로 만든 안개가 길을 지운 줄도 모르고
길을 찾겠다고 허우적거렸다

그놈의 일기예보 탓이다
돌아보니 내가 걸어온 길이 그러했다
윈도 브러시를 두고도 얼마나 머뭇거렸던가

퇴직 후유증

첫날
제일 먼저 한 일은
몇십 년 서두르던 아침을 잠재우는 것
이제부터 게으름을 껴안고 느긋하게 뒹굴어 보리라
늘 새벽을 깨우던 두 개의 알람부터 사정없이 퇴직시켜 버렸다

마음 놓고 밤새 모니터 자판을 두드렸다
새벽녘에 잠들었지만
기상 6시에 길들여진 몸의 시계
알람보다 정확하게 벌떡 일으켰다
나도 모르게 키를 찾고
시계를 들여다보며 급하게 아침을 먹는다
외출복을 입었다가 소파에 털썩 묻힌다
애꿎은 티브이 채널만 자꾸 돌린다
근처 중학교의 아침조회 방송이 창문을 열고 들어온다
애국가에 긴장한다
차임벨 음악은 몇 교시의 수업일까
수첩을 꺼내본다
거울 들여다보기를 반복한다
급식을 준비하는 시간이구나 점심밥을 챙겨야 하나
전화기를 누르다 수업 중일 친구를 떠올리곤 내려놓는다

몇 바퀴를 돌아도 제자리걸음이다
일없이
습관처럼 하루 치의 일과에 머리만 바쁘다

갑사의 가을

이곳으로 몰려든 가을이 다투어 익어간다
햇살에 익어가는 나뭇잎들
얼굴이 더 선명해졌다
현란함에 질린 산그늘
제 할 일도 잊은 채 한쪽에서 주춤거린다
색 고운 가을이 포개어진 산자락으로
바람은 쉼 없이 들락거린다
몇 개의 마침표를 매단 감나무
까치 몇 마리 꼭대기에서 맛을 읽는다

春 마곡
秋 갑사 이름표를 흔들며
단풍나무 환호가 산 아래까지 쫓아왔다
가을을 삼킨 계룡산이
울컥, 비명을 지른다

김태환

김도욱에게
나르시시즘
下心
둘째를 위한 기도
빈 문서 1

김태환

아주대학교 국문과 졸업, 아주대 교육대학원
글샘 동인
원종고등학교 근무
wisdom-th@hanmail.net

김도욱에게 외 4편

김 태 환

나는 네가 그늘 밑의 햇살이라고
생각한다.
실험실 비이커 속의 침전하는 물질처럼
세계의 질서로부터
벗어나
아래로 하강하는 것처럼 보이지만
어느 날
결국 상승하고 융기하여
네 삶의 언덕을 형성할 것을 믿는다.
거기엔 바람과 온도가 있을 것이고,
사람들도 있을 것이다.
나는 너에게
지식이나 윤리나 규칙을
강요하는 것을
문득 멈추고
낙화 끝의 열매를 위해
잠잠히 기도하는 것을 택하였다.

가르침은 설교가 아니라
침묵에서 완성될 수도 있겠다 싶다.
너의 열매는 내 눈에는
보이지 않는 데서도 맺힐 것이고
나는 그것을 믿음으로써
만족할 뿐.

김도욱은
잠시 비틀거렸으나
이내 걷고 뛰게 될
사슴임을 믿을 뿐.

너를 위해 기도하며
흘린 이 눈물이
언젠가는 네 삶의 골짜기에도
스며들 것을
믿을 뿐.

나르시시즘

벚나무 아래에 서서 노트를 펼쳐 든,

떨어지는 꽃잎을 온몸으로 맞으며
상처받은 문장과
기다림에 멍든 은유를 떠올리던,

시인이 되겠다며
문학을 전공하는 철없는
늘 백지 앞에서 한 줄의 절망으로 글썽이던,

여전히 기독교적 이데아의 언덕과
센티멘털리즘의 계곡 사이를
시냇물처럼 흐르고 계신가요,
나는 듣고 싶습니다.
인문관 매점 한 귀퉁이에 앉아서
그대가 워크맨으로 반복해서 듣던
바하의 칸타타 147번을,
폐병에 걸려 늘 혼자 다니던,
저릿한 햇살이 깔린 노천극장에 앉아서
삶의 연장을 위해 기도문을 암송하고,
아득한 눈빛으로 몰락하는 석양을 바라보던,

날 수 있는 병든 새였던,

늘 종착역을 찾았지만
거리의 낯선 정류장밖에 찾지 못했던,

시라는 이름의 항생제 때문에
결국 위장을 망친,

혹시 중앙도서관 앞 등나무 벤치 앉아
방금 대출한 김종삼의 시집을 읽고 계신가요,
안아주고 싶지만 너무 멀리 있습니다.
불행했지만 아름다운 눈을 지녔던 젊은 사슴,
만날 수는 없고
그리워할 수만 있는 형벌 같은 세월을 건너
여전히 소피아 세묘노브나 마멜라도바에게
편지를 쓰고 계신가요,
백합의 향기를 사랑하고 계신가요,…….

下心

1
겸손해지기에는
십일월만 한 달이 없습니다.
기꺼이 상처받으오리다.
당신의 뜻이 낮아짐이라면
저 활엽수 낙엽처럼 순종하되
영혼의 부피를 저미고 저미어
한 장의 종이처럼
납작해지겠습니다.

2
학생으로부터의 모멸과
몰 예의도, 반항과 비겁도
아직 미성숙하니 그러하겠지 하고
이 깨물어
참으오리다.
가시 떨기를 맨 가슴으로 끌어안고
늑골을 찌르는 통증을
목울대 아래로 삼키며
다만 교육의 본질에 대해
고뇌하겠습니다.

3
가르치기 전에
먼저 가르침을 받으오리다.
눈물 속의 눈물
그 맑은 깨우침 속으로
걸어 들어가기 위해
빈 교실에 오래
앉아있겠습니다.

4
분필처럼
부서지기 쉬운
내 연약한 서정抒情을
다하여
생生의 칠판을 채워나갈
가장 순수한 모국어를
찾겠습니다.
책장에 꽂혀 있던
교육학 개론서의
맨 처음 문장으로
다시 돌아가겠습니다.

둘째를 위한 기도

당신은 나에게 둘째를 주소서
천국의 강보에 싸인 우주의 핏덩이를 주소서
욕심을 부려 나는 하나 더 갖고 싶습니다
저물녘 방바닥에 납작하게 스러진 넙치 같은
내 영혼 위에
미세한 창문 틈을 타고
한 줄기의 빛이 되어 스며드는
요한 세바스찬 바하의 칸타타 147번의 음계 같은
그 뭉클하고 짠한 느낌을 주소서
터널처럼 길었던 피고름의 세월을 이겨내고
피폐한 혼의 늑골을 가만가만 간질이며
끝내 부활하는
많은 사연의 연한 속살을 주소서
내 오랜 지병의 날선 고통에 대한
유일한 진통제를 주소서
이 더럽고 치사한 삶의
유일한 대안을 부디 허락해 주소서

깊은 심연의 절벽으로 자꾸 기울어져 가는
저 우주의
발끝을 잡아주소서
포기한 기도들의 무덤에서
기적처럼 일어나는 정강이뼈를 주소서

저 아름다웠던 백제 시대처럼
구체적인 미소를 지어주소서
도요새처럼, 붓꽃처럼, 시냇물처럼
이리저리 놀다가 올,
수천 년 전의 메아리를
부르튼 두 손에 담아주소서

그러므로 나에게 둘째를 주소서
외롭지 않기 위해 당신이 나를 지었듯이
다시 한 번 저주받은 이 회색 도시 위에
숨결의 씨앗을 뿌려주소서
수많은 죄악으로 버림받은
가련한 인류에게
때 묻지 않은 마지막 막내를 주소서

빈 문서 1

1
교문을 지나 학교로 들어서는데
활엽수 잎사귀들이 저마다 몸을
나선형으로 비틀며, 주차된 차 위로
떨어지고
바닥에 떨어진 잎사귀들이
더 가슴 저린 방향을 찾아
떼를 지어 휩쓸려 가는 것을 보면서
나는 문득 내 고등학생 시절
우리 집 지하방에 세 들어 살던
한 소녀가 생각났다.
소녀의 아버지는 목사였는데
교통사고를 크게 당해서 늘 휠체어를
타고 다녔다.
그렇게 지하방에서 몇 년을 살다가
소녀의 가족은 어디론가 이사를 갔다.
낙엽을 따라가다 보면
그 소녀의 불우한 눈빛과
다시 조우하게 될 것만 같다.
그러고 보면
학창 시절 내 주위엔 유난히 불행했던 친구들이 많았다.
몇 달간 숙식을 제공해야 했을 정도로
정처 없던 친구도

1년 내내 저녁밥을 사주어야 했던
친구도 있었다.
하긴 내 얼굴도
그들 기억 속 불행의 사진첩에
꽂혀 있으리라.
어느새 전화번호 목록에서
사라진 그 친구들이
주머니 속의 동전처럼 자꾸 손에 잡힌다.
숭실대 국문과에 입학했다가
아버지가 사기를 당해 1학년 때 자퇴를 하고
그때부터 지금까지 트럭 운전을 해온
고등학교 동창 한 명과만 종종 연락할 뿐이다.
낙엽은 이렇듯 불행했던 시절을 호명한다.

2
소설보다 시가 가까이 있구나.
읽혀지는 것을 읽을 것이고
쓰여지는 것을 쓰겠다.
눈물이 왼쪽에 있으면 일부러 왼쪽으로
첨벙거리며 걷겠다.
어둠이 늑골 사이로 스밀 때도
애써 웃으려 하지 않고
덤덤한 표정으로

약국에 들르리라.

3

소설보다 시가 가까이 있구나.
빈 문서와 다름없는 바람이 불어온다.
아무것도 없는 바람
그 내용 없는 슬픔 속에서
펄럭이는 옷깃과 함께
약국에 들르리라.
불행했던 시절처럼
눈물을 향해 첨벙거리면서
주머니의 동전을
추억인 듯 만지작거리며
뒹구는 활엽수 잎사귀를 밟으리라.

김소영

숨바꼭질
임계점
자란다
말

김소영

글샘 동인
동인시집 『학운동 풍경』 외 9권
중흥중학교 근무
ksyljn@hanmail.net

숨바꼭질 외 3편

김 소 영

사촌이 오면 놀이를 한다
장롱, 문 뒤, 엄마랑 고모가 발 뻗은 담요 속
어디든 내 몸을 숨겨주는 고마운 품
술래가 다가오는 발자국 내 가슴에 쿵쾅거릴 때
더욱 잦아들어야 할 숨소리는 커지고……

술래가 되어 찾아다닌다
마당에서 컹컹 짖던 누렁이가 꼬리를 흔든다
누렁이 시선 따라가 보면
장독 뒤에, 감나무 위에 웅송그린 몸
들키지 않으려는 마음 한 자락씩 흘리고
숨죽이고 있다

그걸 어디서 찾을까
특별히 간수하려던 생각으로 잘 두었는데
술래가 되어 여기저기 찾아다닌다
어릴 적 동무들은 옷자락, 신발 뒤꿈치로 단서를 주었는데
나는 나에게 어떤 단서도 주지 않으며
술래가 되는 숨바꼭질한다

임계점

가두리 양식장
치어들이 우르르 떼 지어 다닌다
남해의 출렁이는 파도 미끄럼틀 삼아 타고 놀면
촘촘한 벽에 부딪혀 비늘 벗겨지며 한계를 배운다
지느러미 힘도 뺄 줄 알고
밥때다 하고 던져주는 먹이 먹으며
무서운 것 없는 세상이구나 느낄 때
어느덧 몸집 불어 팔려 나갈 시간
완도의 우람한 사내 뜰채 들고 다가오네

아침밥 수저 놓으면 달려갔던 곳
동쪽에 해 있으면 몸이 향하는 곳
자식 뒷바라지 한창인데
회장님이
명예롭게 물러갈 시간이라네

자란다

넓은 바다의 치어들
해류 따라 자랄 때 멀미가 심하겠다
뱃속의 창자 말갛게 보이며
수면 위로 떠오르지 않기 위해 안간힘 쓴다
호시탐탐 노리며 헤엄치는 대어들
화들짝 놀라 어미 입속으로 숨어드는 치어들
그래도 바다는 즐거워
동무들과 해류 타고 군무 추며
근육을 키운다
한층 의젓해진 지느러미
노를 젓는다

말

내가 너에게로 가는
네가 나에게로 오는 다리

몸으로 채운 만큼
몸으로 보여준 만큼
견고해지는 다리

날마다 너에게로 가는 다리 놓는데
너와 나 사이의 다리는
왜 자꾸 출렁이기만 할까

김경식

한 그루 나무 같은
내력來歷
실낙원失樂園
덕달귀
적막한 말

김경식

2005년 《스토리문학》 수필 등단
2008년 《다시올문학》 등단
수필집 『마음에 걸린 풍경 하나』
다시올 작가회 전망 동인 회장, 수주고등학교 근무
sj574@hanmail.net

한 그루 나무 같은 외 4편

김 경 식

대문 흔들지 말고
뒤란으로 돌아서 오시게

이끼 앉은 음습한 그늘
줄기도 가지도 제멋대로 자라는
나무 한 그루

언제부터 여기 서 있었는지
무엇을 꿈꾸는지
내력來歷은 묻지 말게

울에 가만 기대어
수평으로 팔랑이는
햇살 무늬 바라보다가

저녁 바람 불거든
붉게 떨어지는 이파리 하나
내 마음인 양 들고 가시게

내력來歷

봄날 저녁
애쑥을 뜯어 돌아가는 길이었을 것이다
못가에 앉아서 손을 씻을 때
저쪽 기슭에서 밀려온 물결이 발목을 간질이다 은근슬쩍
치맛단을 적시자 어미는 배가 부르기 시작했다

물의 아들 서동薯童은 한자리 가만 앉아 있질 못하고
들로 산으로 떠돌다가 마침내 서라벌까지 이르렀을 터

선화善化의 소문을 들었지만
미천한 신분에 언감생심,
헛헛한 마음이나 달래 보자고
노래를 지어 불렀을 것이다

선화 공주님은 남몰래 혼인하고
맛둥방을 밤에 몰래 안고 간다네

아이들의 입을 타고 슬근슬근 대궐까지 흘러간 노래가
마침내 궁인宮人들의 귀를 간질이자
지엄하신 임금님 격노하셔서 궁의 문을 활짝 열어젖히고

울면서 쫓겨난 공주를 데리고
서동이 고향으로 돌아왔을 때
허어 참 씨도둑은 못한다더니,
어미는 참말로 먼저 떠난 지아비가 그리웠을 것이다

실낙원失樂園

京畿道 富川市 梧亭區 鵲洞
무릉도원 사거리에서
바람은 길을 잃는다

사방을 둘러보아도
복숭아꽃 별세계 보이지 않고

표지판 어디에도
낙원 가는 길이 없는데

직진
좌회전
유턴
때 없이 명멸하는 신호등

어떻게 가야 하나
잃어버린 나의 나라

산까치 울지 않는
무릉도원사거리
바람은 언제나 길을 잃는다

덕달귀

무너진 마당 한편

흙먼지를 덮어쓴
구두 한 켤레

진창의 골목과
안쪽으로 기운 조심스런 보행 습관

구두는 저를 버린
주인의 행적行跡을 기억한다

하루에도 수십 편
시린 바람이 와서 발을 꿰어 보지만
무작정 따라나설 수는 없는 일

노을을 끌고 지나는 사람들 속에서
그의 맨발을 찾아낼 때까지

낡은 집
묵묵히 늙어 가는
구두 한 켤레

적막한 말

다음에 보자
악수를 나누고 돌아서는데
문득 눈앞이 캄캄해진다

동백에서 산국山菊까지 빠르게 한 순번 돌고 나면
이내 눈발이 치고
세상의 길은 모두 사라져 버릴 것을

내주 혹은 내달 언제
따로 날짜를 정하지 않았으니
어쩌면 오늘이 우리의 마지막이었을 터

이 다음에 그 말씀은
이승의 시간 다 흐른 뒤에
열명길 함께 나서자는 서러운 약속이겠거니

이러한 때
사전 속의 유의어 사후는
死後로 읽어야 하는 법이다

다시 읽는 시

김기정 _ 기타 치는 아이들
김애란 _ 안개
양현숙 _ 금붕어 되기
조미영 _ 한탄강 안개
고지연 _ 낙인된 새
박미영 _ 고독
강건후 _ 도장 파는 사내
박순서 _ 등산 안내
최영란 _ 결혼
박규현 _ 풀국새 우는 오후
김오영 _ 겨울 동화 후편
문명란 _ 산사山寺의 단풍
백경녀 _ 내소사

내 마음 _ 백종미
사랑 _ 신순자
오정대로梧亭大路 _ 양소연
수선하는 도시 _ 우옥자
4월 _ 김설영
늙은 책의 꿈 _ 이동희
봄 _ 김소영
잃어버린 길 _ 김경식
꽃밥 _ 손영자
노란색 취향 _ 정미경
강매역江梅驛 _ 조영환
슬픔 _ 최재웅

기타 치는 아이들

김 기 정

기타는 구식이다
오랫동안 똑같이 반복 연습한다
그래서 지루하다

아이들은 신식이다
짧게 집중하고 곧바로 시선을 돌린다
그래서 산만하다

아이들이 기타를 친다
왼손으로 코드 진행하고
오른손으로 주법 연주하고
입으로는 '여수' 를 부르고
눈으로는 악보를 더듬는다

지루한 과정을
산만한 아이들이
차근차근 밟고 있다

변성기 목소리로 고래고래
'깊어가는 가을밤' 을 외친다

먹이를 찾는 제비새끼처럼
고래고래 입을 벌린다

* 글샘 2004 창간호

안개

김 애 란

자욱이 짙은 안개가
설벽처럼 앞을 가로막는다.

낯설어진 그 길이
지뢰가 파묻혀 있는 듯 두렵다.

돌아갈 수 없기에
나는 달렸다.
그 길
그 나무
그 언덕

겪고 나니 아무것도 아닌 것을 지레 겁먹었다 싶다.

안개는 대지 말고도
내게 물을 주었나 보다.

* 글샘 2004 창간호

금붕어 되기

양 현 숙

정확히 3초
금붕어의 기억력
물살과 물살을 가르며
수초와 수초 사이를
하루에 28,800번 오가는
금붕어의 기억력은 3초
정확히 3초밖에 되지 않아서
28,800번 왕복하는 사이
아무 것도 없는 것이다
모든 것이 새로운 것이다

정확하지 않게라도 3초 되기
나도 3초 되기를 시도하지만
어쩔 수 없이 떠오르는 것은
어제 들은 그의 목소리
어제 본 그의 어깨
기억과 기억 사이를
수없이 오갈 뿐

오늘도
금붕어 되기
실패

* 글샘 2004 창간호

한탄강 안개

조 미 영

마을 주변에 강이 있다는 것을
그 지독한 안개를 보고서야 알았다.

간밤의 긴 어울림 후
새벽녘 읍내 한복판을 휘젓다 보면
몇 발자국 앞서 걷고 있던 이들이 안개에 녹아 금방 사라져 버린다.

안개 때문에
군용차에 날리던 먼지도 무뎌지고

안개 때문에
팍팍했던, 무겁던 나도 흐트러지고

눈앞도 흐려지고

안개는 무진霧津에만 그렇게 있는 줄 알았다.

* 글샘 2004 창간호

낙인된 새

고 지 연

드넓은 창공으로
날아오르고픈 새 하나
이내
날개를 접는다.

날고 싶어요 날고 싶어요
아직 어려서 안 돼
하늘은 아직 무서워 안 돼
아직 배울 게 많으니 안 돼

하늘을 보고 싶어
세상을 보고 싶어
몰래 날아오르기 삼세번
바닥에 꼬꾸라지기 삼세번

날고 싶어요 날고 싶어요
너는 날 수 없어
너는 이제 날 수 없어

이제 날아오를 수 있는 새 하나
낙인 찍힘.

* 글샘 2005 제 2호

고독

박 미 영

나는 보고 싶어도 볼 수 없고
부르고 싶어도 부를 수 없다.
수많은 눈동자.

사랑해도 사랑한다 말할 수 없고
미워한다 말할 수 없다.
수많은 눈동자.

나는 나일 뿐 네가 될 수 없음에도
네가 되어야 하고
너 때문에 울어야 하며
너를 위해 살아야 한다.
수많은 눈동자.

그 수많은 눈동자 속에
서
있는
나.

* 글샘 2006 『오이지 단지』

도장 파는 사내

강 건 후

모란시장 초입
공사장 보호벽 아래
성긴 눈발이 점점이 내린다.

그 사내의 어깨 위에,
이름을 얻지 못한 익명의 나무에게도,

손 곱은 사내의 부드러운 칼질이
자진모리처럼 신명 나고
장단 맞춰 곤 때 묻은 나무의 살들이
그립다고, 반갑다고
몸서리치며 속울음을 운다.

"육신의 가장 깊고 연한 곳을 내어주어야
붉은 피를 얻을 수 있는 게야"라며
그 사내 살살 달래는데,

좌판 위 주인 닮은 막도장들은
등을 맞대며 키득이고

누런 종이 위에는
비린내 나는 김 씨, 싱싱한 야채장수 이 씨
사니 못 사니 싸우는 신혼부부가 여기서만은 나란하며
거름내 나는 박 씨, 아들 학비 보내는 정 씨
서로 닮은 인생끼리
팔짱을 끼거나, 업거나 업히거나 하며
한판 붉은 춤을 추고 있고

눈은
춤판 위로 함박 내리라고 있다.

* 글샘 2006『오이지 단지』

등산 안내

박 순 서

우리
카페엔
산이 있습니다
그리움으로 기댄 솔숲과
불혹의 삶으로 곱게 물드는 단풍과
저마다의 빛깔과 향기와 숨결로 빚은 메아리와
업무에 지친 오후 잠시 쉬며, 삶을 가다듬을 수 있는 계곡과
변함없는 우정으로 하나 되고, 넉넉한 가슴으로 서로를 한껏 품어주는
가을 산이 있습니다.

그
산에
함께 오르자

* 글샘 2006 『오이지 단지』

결혼

최 영 란

기다리고
기다리던
서른두 해에
반쪽을 찾아

청실홍실로
온 우주를 엮어

하늘과 땅이 주신
사랑의 열매를 가슴에 포근히 안고

세상에서 가질 수 있는 모든 것을
욕심내어 다 가진 듯
행복하여
마냥 웃음 짓더니

떠오르는 태양과 지는 해가 함께 존재함을 깨닫고
비로소
불혹의 나이에
인생을 묻는다.

* 글샘 2007 『밥-속박 · 자유 · 초월』

풀국새 우는 오후

박 규 현

풀국새가 우는
늦봄 오후

개울에는
지는 해를 잡으려
물고기가 하늘을 향해 튀고 있었다.

하지감자 나오려면
한참을 더 기다려야 하는데

밭일 간 어머니를 기다리다
어린 동생은 지쳐 잠들고

우물가에 수북이 감꽃이
지고 있었다.

* 글샘 2008 『풀국새 우는 오후』

겨울 동화 후편

김 오 영

따옥 따옥 따옥 소리 구슬픈 소리
아이는 긴긴 겨울밤 잠이 안 와
이불 속에 누워 천장을 치어다보며
환청처럼 들려오는 노래에 귀 기울인다.
울 어머니 가신 나라 해 뜨는 나라
간절한 제 슬픔에 스스로 겨워
아이는 운다. 훌쩍이다 잠든다.
꿈속에서 아이는 털모자에 털장갑하고
사시사철 눈만 있다는 머언 북쪽 나라로 간다.
있는 엄마 놔두고 없는 엄마 찾아서.

* 글샘 2009『학운동 풍경』

산사山寺의 단풍

문 명 란

신열처럼 끓던 바람
산사의 풍경 소리 들으며
이제사
가쁜 숨을 고르고 있네.

바쁠 것도
더 가질 것도 없는 산사엔
해묵은 기왓장마다
햇살만 부서지네

무작정 뿜어내던
욕정을 벗어버린 나뭇잎마다
곱디고운 단풍이 되어
산사를 에워싸네.

소리 없이 떨어지는 단풍잎 하나
나더러
욕심을 버리라네
버려야 한다네.

* 글샘 2010 『휘돌다 구부러진』

내소사

백 경 녀

겨울 변산
바다는 숨을 헐떡이고
바다를 껴안은 해안은
굽이굽이 길손[客]을 쉬어가라 하는데

함박눈이 맞이하는 내소사
켜켜이 안고 온 세상의 무게는 일주문에 벗어놓고
속세의 번뇌는 전나무 향기로 씻어내어
사천왕 발밑에 내려놓는다

빛바랜 대웅보전
문고리에는 연꽃이 피어나고
전설의 관음조는 법당 안에서 날갯짓을 하는데
백의 관음은 어디에서 수줍게 웃고 있을까

능가산 백호가 포효할 때
비쩍 마른 목어는 예불을 알리고
사미승이 못다 이룬 불사佛事에
노승은 世世生生 서원誓願을 세운다.

모든 이 소생하소서

* 글샘 2010『휘돌다 구부러진』

내 마음

백 종 미

맑은 호수의 잔잔한 여울처럼
은은하게 비치는 달빛
부드러운 숨결과 감미로운 하모니에
마음은 애드벌룬 되어 창공에 날아오른다

햇살은 연일 높은음자리를 맴돌고
가지 위의 새는
싱그러운 몸짓으로 끝없이 유혹하건만
어둠 속 달빛은 숨바꼭질하며 애태운다

서편 햇살 감빛으로 물들어 가면
구름에 덮인 마음은 숨죽이며
무심코 다가간 잔잔한 물결 속
달그림자에 살그머니 손을 담가본다.

* 글샘 2010 『휘돌다 구부러진』

사랑

신 순 자

어둠 속에서
길은 속도를 감지하지 못한다
부고는 믿기 어려웠고
늦은 밤 고속도로에
눈이 뭉텅이로 던져지고 있었다
나는 급히 길 위에 올라탔다
계기판의 붉은 바늘이
중심에서 기울어져 휘청이는 것을
한참 동안이나 보지 못했다
속도 위에 가속을 얹고 달린다
생각하니 사랑도 그랬다
하얗게 덮인 그 길은
사실 길이 있는 줄도 몰랐다

* 글샘 2010 『휘돌다 구부러진』

오정대로梧亭大路*

양 소 연

퇴근길,
북새통의 하루를 끝내고
해바라기 고개 숙인 늦여름
오정대로를 지난다

먼 여행으로 지친 비행기
노을 한 조각 걸쳐 입고
공항으로 돌아오는 저녁

안전속도를 넘겨가며 달려온 하루
시속 80km는 넘지 마세요
표지판대로
인생의 적정속도는
大路에서 80km

피멍처럼 번져가는
비린내 나는 저녁노을
때 이른 코스모스 따라 흔들리는

어차피 혼자 가는 길

한세상에서
또 한세상으로 건너가는
구름다리
오정대로

* 오정대로: 부천시 오정구 삼정동 인천시계에서 오정구 고강동 서울시계까지 연결된 도로

* 글샘 2011 『바람의 화법』

수선하는 도시

우 옥 자

건널목 앞 플라타너스 그늘 아래
도시의 풍경이 되어버린 구둣가게
두어 사람 들어설 만한 수선집은
희미한 전등과 석유곤로를 껴안고 앉아있다
벽에 걸린 열쇠, 이름을 기다리는 목도장, 갖가지 구두 굽
낡은 재봉틀은 세상을 수선하는 방법을 알고 있다

지나가는 바람을 끌고 한 여자가 급히 들어온다,
앉은뱅이 무릎 위에 구두를 올려놓고,
안경 너머로 상처를 살피는 사내
도시를 건너온 걸음이 불안하다

이 도시에 합류하려면 킬힐도 감수해야 했겠지
피멍든 발가락을 유리구두에 숨겼을 것이다
가파른 층계와 모서리에 할퀸 흔적
손톱 밑이 까만 사내의 손이
길고 뾰족한 그 높이를 어루만진다

위태로운 걸음들이 우르르 지나간다
검은 비닐봉지에 담겨 낮은 천장에 매달린 구두들
늦은 햇살이 유리창에 머뭇거릴 무렵
휠체어를 밀며 올 아낙을 기다리는 사내
수선할 수 있어 고마운 저녁이 오고 있다

* 글샘 2011 『바람의 화법』

4월

김 설 영

새벽 창 너머
어스름하고 희뿌연 빛이 하루를 연다
온몸에 깃드는 뿌듯한 기운
하늘은 푸르러 가고
알록달록 변해가는 시가지

봄 햇살 가득한 곳 먼저 꿰찬
늘어진 고양이의 등허리
눈바람을 날리는 벚꽃잎들
가지마다 흐드러진 하얀 목련
베란다 너머로 솜이불을 털며 무거움을 날려 보낸다

매순간 온 힘을 다해 밀고 나오는 4월
햇볕을 먹으러
뚜벅뚜벅 거리를 걷는다

* 글샘 2012 『사과의 변증법』

늙은 책의 꿈

이 동 희

중고서점의 서가에
칸칸이 세든 세월의 제목들

잠들지 못하는 서러운 비명碑銘 처럼
철 지난 시간을 담고
동병상련하며 살을 맞대고 있다

이따금 드나드는 바람에게
손 떠난 옛 주인을 수소문해보지만
부질없는 먼지만 일 뿐,

망각의 시간이 배어있는 창가에
낯선 지문이 와 닿지만
해독되지 않는 이질감에
이내 아쉬운 고개를 돌릴 때,
갑자기 옆자리가 허전해지고
작별인사도 없이 떠난 빈자리에
갈 곳 잃은 노을이 파고든다

녹슨 양철지붕 아래에 어둠이 깔리고
서점 주인의 목장갑이
어제와 다를 바 없는
하루를 내려놓으면
곰삭은 시간이 또 한 겹 내려앉는다

* 글샘 2012 『사과의 변증법』

봄

김 소 영

한 줄기 봄비가 젖멍울 간질인다

한 잎 한 잎 고개를 드는 꽃잎
아가가 엄마를 보듯 봄 품에서

나무가 생리를 한다
열세 살 소녀가 어른이 되어가듯

나비 다리에 묻은 한 줌 꽃가루
봄 논을 푸는 농부장화 진흙처럼

술*들이 꽃잎 담장 흔든다
태양을 잉태한다

*술-꽃의 암술과 수술

* 글샘 2013 『꽃밥』

잃어버린 길

김 경 식

아침마다 한 개씩 길을 데리고 집을 나선다

별난 향기 곱게 그린 풍경을 찾아
한껏 먼 데까지 나아갔다가
설핏하면 그 길 총총 걷어서 돌아온다

그러나 세상은 너무 빨리 어두워지고
갑작스레 눈비가 몰아치는 것이어서
풀숲에 버려두고 혼자서 돌아오는 때도 있었다

얼마나 많은 길을 내다 버렸던가
그 길머리 들꽃 내음 여전하고
강 건넌 바람이 설레고 있을 터

보폭은 갈수록 짧아지고
되짚어 갈 수 없는
길은 상처가 된다

들 끝에서 불어오는 마른풀 냄새,
이제는 거두는 때
큰길 하나 남겨 두고
사방으로 흩어진 길 그러모을 때

길눈 까마득 닫히기 전에
잃어버린 길을 찾아
나는 다시 길을 떠난다

* 글샘 2013 『꽃밥』

꽃밥

손 영 자

외갓집 까만 무쇠솥
반지르르한 뚜껑 밀어보면
깊은 솥엔 제철 간식거리와 외할머니 온기가 들어있었다

부엌에서 밀려난 무쇠솥
마당 한구석에 비만 맞는 천덕꾸러기가 되었다
붉은 녹을 매달고 늙어가다가
언제부턴가 밥 대신 꽃 한 솥 지었다
황금빛 금잔화를 미어터지게 담고
환하게 웃고 있는 무쇠 화분

평생 가족 뒷바라지밖에 모르던 그 여자
늦은 나이 문화센터에서 자격증도 취득하고
노인정 양로원 찾아다니며
꽃밥을 짓고 있다

* 글샘 2013 『꽃밥』

노란색 취향

정 미 경

이게 상책이다
눈을 감았다

동그란 형상이 고요히 떠오른다
점점 타원이 되어 가운데 구멍이 난다
저 구멍처럼 생각의 입구가 분명히 보이면 좋겠다
그러면 고삐 풀린 생각들을 끌어모아
재빨리 구멍을 닫겠다

타원은 열 가지 넘는 노란색 그라데이션으로 변색 중이다
미세하고도 분명한 다른 노랑이다
너의 미묘한 감정이
저처럼 분명하게 보일 수 있다면
나는 너를
그 순간에 어루만질 수 있겠다

이건 그저 나의 노란색 취향 얘기일 뿐이다

* 글샘 2013 『꽃밥』

강매역江梅驛

조 영 환

봄이면 매화나무가 강물에
눈꽃개비를 날리던 강매江梅
봄날 논길 걷던 여섯 살 아들이
황새가 발 담그고 서 있는
논물을 눈 찡그려 보며
아빠, 칠성사이다 같아요
부르짖던 곳
여름날 켄터키치킨을 사들고
경의선 기찻길 둑방에 나가면
개구리 우는 아카시아 숲
어둠 속에서 뜬금없이 반딧불이가 날아올라
길길이 나를 뛰게 하던 곳
아이가 이를 연필로 꾹꾹 눌러 쓰고
선생님이 깜짝 부러워하던
강매에는 이제 반짝이는 아무것도 없다
역은 없어지고 기다림만 남았다
눈 오는 밤 멍하니 수은등 아래에서
수색 지나온 막차를 기다릴 때
늙은 역무원이 눈을 맞으며
매화 꽃잎 같은 눈을
가만히 빗자루로 쓸고 또 쓸어

그 소리에 간신히 머리를 식히던
기다림만 남았다
그래, 이제 강매에는 눈 감고
캄캄히 어둠 속을 구르는 기차 바퀴만 있다

* 글샘 2013 『꽃밥』

슬픔

최 재 웅

복도에 날아든 새가 여기저기 부딪치며 날아다닙니다. 아이들이 덩달아 소리를 지릅니다. 불쌍한 새를 위해 창문을 몇 개 열어 주고 들어왔습니다. 불쌍하지 않은 아이들은 다시 조용해졌습니다.

* 글샘 2013 『꽃밥』

등단시인 소개

양소연

강화 출생
덕성여대 국어국문학과, 국민대 대학원 졸업
글샘 동인
《다시올문학》 신인문학상
ysy19kr@hanmail.net

이명耳鳴
이 뽑기
휘돌다 구부러진
성묘
폐경 즈음에

강건너 저쪽 _ 당선소감
절실한 내면적 갈망을 개인적 상징으로 전하는 서정시 _ 심사평

■2014년《다시올문학》 신인상■

이명耳鳴 외 4편

양 소 연

소릿줄이 툭 끊어졌다

지난날을 떠나보내고 훨훨 날고 싶었던 새봄
그 맘을 미리 알았을까 낡은 스피커처럼 어디 한 줄
툭 끊어지고는 삐삐 불량한 소리가 난다

어릴 적 내 몸은 바늘을 얹기만 해도 고운 소리가 흘러나오는 새로 산 레코드판이었을 텐데 살면 살수록 잡음이 난다
세상 소리 마구 듣다 쌓인 짐이 무거워져 온갖 끈을 당기다
결국 끊어져 버린 줄

손바닥을 비벼 따뜻한 온기로 소릿줄을 위로해보지만 잘못 색칠한 그림처럼 돌이킬 수가 없다. 그리 고운 빛깔 아니어도 누구도 들을 수 없는 소리 하나 얻은 셈으로

바닷소리인양 산새 소리인양
이근耳根*으로 가는 길동무 삼아본다.

* 이근(耳根): 소리에 집중하는 수행법, '귀에 의지하여(들음) 완전한 깨달음에 이르다' 는 뜻

이 뽑기

헌 이빨 뽑고 새 이 자리 마련하는 날
아가, 두려워 마라 아버지만 믿거라

동네에서 더 큰손은 없을 거라던
두꺼비 같은 손으로 작고 고물거리는 이빨에
애써 무명실을 얽으신다

겁먹은 눈 깜빡이며 아버지 손만 바라보는데
오늘은 학교에서 무엇을 배웠나
무얼 하고 놀았나

어, 저기 봐라 뭐가 날아다닌다
고개 들어 한눈파는 사이
아버지 손이 딱, 이마를 내리치신다

아가, 두려워 마라
아픔도 슬픔도 세월 가면
이 빠진 자리 새 이빨 나듯 새롭게 아물고
단단해지는 것이란다

휘돌다 구부러진

몸이 아파요
마음이 아프다고 소리 지르는 거죠
몸이 구부러지는데 오랫동안 모른척했어요
마음이 그렇게 힘들었나 봐요
혼자 서지 못하는 병이 깊었던 거죠
전 잘 서 있는 줄 알았어요
곳곳에 허수아비 세워놓고는 아무렇지 않은 척
제가 큰 나무라도 되는 줄 알았나 봐요
팽나무처럼 뿌리도 깊고 어깨도 단단한 줄 알았어요
이 어깨면 세 아이 가뿐이 업고 세상 아무 탈 없이
건널 수 있을 거라 생각했어요
이제 그 팽나무 뿌리가 바위를 만났나 봐요
그래서 이렇게 발도 시리고 가슴도 아픈가 봐요
곳곳에 세워두었던 허수아비조차 눈발에 쓰러지고요
눈발 없이 따뜻하기만 했다면 괜찮았을까요
따뜻하기만 한 인생이 있기나 하겠어요
그럼 이 시린 발과 갈라진 가슴을 어쩔까요
허수아빌랑 치워버리고 추우면 춥다 하고
아프면 아프다 하면 견뎌낼 수 있을까요

그래요
세상은 춥고
발도 아직 시리지만 눈길 가는 나무 중에
구부러진 가지 없는 나무 어디 있던가요
한 번 휘돌다 구부러진 것 뿐이예요

성묘

아버지 만나러 가는 날
친정걸음 하듯 설렌다

고려산 중턱에 동그만 잔디 옷을 입고
국화꽃을 들고 계신 아버지

시원한 맥주를 사야하나
오늘은 명절이니 약주를 사고
좋아하시던 북어랑 약과를 올리니
크신 입이 절로 벙글어지신다

호주로 건너간 아들이
멀리서도 차례를 지낸다지만
고향 땅 냄새 섞인 젯밥이 더 좋구나
어머님 고운 얼굴이 더 반갑구나

무덤가에 소나무 휘휘 둘러보시고
그 놈 참 잘 자랐다 어루만지시고는
봄 철쭉 피면 다시 오마
백합 필 때 다시 오마
뒷짐 지고 또 먼 길 떠나신다

폐경 즈음에

봉숭아 꽃물들이던 날엔 밤잠을 설쳤다
초경에 설레이던 꽃잎처럼 얇았던 시절

살을 파고드는 무명실의 아픔은 모르고
꿈속에서라도 미리 보고 싶었던 진홍색 손톱
날이 갈수록 바래가던 꽃물 색따라
아쉬움만 키우며 커가던 시절

그 끝자락에 매달린 그믐달처럼
지금은 저물녘
폐경 즈음
아쉬움조차 가고 안 오는구나

잊고 지낼만하면
머뭇머뭇 존재를 알려줄 뿐
젊음과 이별하는 방법을 모르는 채
물 마른 꽃잎이 내미는 마지막 카드

■당선소감■

강 건너 저쪽

경찰 생활을 하루아침에 접고 낯선 사업에 뛰어들 만큼 아버지는 마음먹은 일은 꼭 해내고 마는 굳센 성격을 가지고 계셨다.

나의 중학교 시절, 그때는 사업 초창기여서 정신이 없던 때였는데 아버지는 "나중에 늙으면 내가 살아온 인생을 글로 쓰면서 조용히 살고 싶구나."라고 말씀하셨는데. 나는 깜짝 놀랐다. 감성이나 문학과는 전혀 어울리지 않는다고 여겼던 아버지께서 글을 쓰고 싶다고 하셨을 때, 나는 글을 쓴다는 것이 인생에서 가장 가치가 있는 일인가 보다 생각했다.

철이 들면서 나도 아버지 말씀처럼 글을 쓰고 싶었다. 하지만 나는 글을 쓸 줄 몰랐다. 문학, 특히 시라는 것이 하도 곱고 귀한 것이어서 강 건너 저쪽의 사람들만 쓰는 것인 줄 알았다.

갖고 싶은 고운 것들을 강 건너에 놓아두고
이 언덕에 앉아 그저 바라만 보는 마음

다가서면 깨질까봐 머뭇거리다 놓쳐버린
바라만보고 만질 수는 없는 거리
꼭 그만큼의 저쪽

– 졸시 「강 건너 저쪽」 중에서–

강 건너 저쪽에 시를 두고 바라만보다 문득 화가 치밀었다.

집이 떠나가도록 소리치고 싶을 때

세상을 향해 고래고래 욕을 하고 싶을 때

가만가만 시를 쓰면 그건 더 큰 울음이 되어 나의 가슴을 고요하게 가라앉힐 수 있을 텐데, 벙어리처럼 끙끙 앓고 있는 자신에게 화가 나서 견딜 수가 없었다.

그렇게 강 건너 저쪽으로 가는 법을 몰라 마음의 병을 앓고 있을 때 필연처럼 문학동인 《글샘》을 만나고, 다시 《다시올문학》을 만나고, 그 인연으로 어쭙잖은 나의 작업을 격려해 주시는 여러 시인들을 만나게 되었다.

이제 또 하나의 귀한 이름을 얻는다.

詩人.

비단 보자기에 싸서 꼭 껴안고 싶다.

그리고 갑자기 돌아가느라 미처 정리하지 못하셨던 아버지의 이야기도 대신 글로 옮겨드려야겠다.

■ 심사평 ■

"절실한 내면적 갈망을 개인적 상징으로 전하는 서정시"

"시는 미의 은율적 창조다"라고 포우는 말했다. 또한 "시는 상상과 정열의 언어라고 해즐리트는 고백했다. 양소연 시인의 작품들을 읽으며 이러한 말들이 선연히 떠올랐다.

양소영 님의 이번 시편의 내용은 교육자로 살면서 사회상과 시대상 , 더 나아가 자연에 이르기까지 넓은 영역에 걸쳐 따뜻하고 긍정적인 시심이 머물러 있다.

시란 무엇인가?' 라는 질문과 더불어 많은 사람이 던지는 또 하나의 물음은 시는 대체 어떤 쓸모가 있는가이다. 그러면 실용적 가치와는 다르면서도 사람의 삶에 절실한 시의 쓸모란 대체 어떤 것인가? 그것을 분명하게 정리하면 시는 우리의 마음속에 있는 생각, 느낌을 표현함으로써 사람들로 하여금 표출되지 않는 답답한 감정에 얽매인 상태로부터 벗어나게 한다.

이 점은 시를 쓰는 사람만이 아니라 읽는 사람의 경우에도 그렇다. 그리고 그 간결한 말과 가락을 통해 사람들이 서로 마음을 소통하고 어울리어 하나가 되게 한다. 이 점에서 특히 대표적인 것이 민요일 것이다. 또한, 시는 우리가 일상생활 속에서 살아가는 동안 자주 잊어버리는 사물들의 모습과 의미를 다시금 발견하게 해준다. 이번 투고 시편은 이런 점에서 잘 표현되었다. '

시란 무엇인가' 라는 물음에 답하기는 '산다는 것은 무엇인가' 라는 의문에 답하기 만큼 어렵다. 그러나 우리는 평생을 다 살아 보지 않고도 삶의 의미, 가치, 보람 등에 관하여 이야기한다. 진실, 정직 그리고 사랑에 대하여 높은 가치를 부여하고 스스로의 삶을 설계한다. 그러므로 가능한 한 쉽고 소박한 생각에서부터 실마리를 풀어 볼 때 가장 분명하고도 쉬운 출발점은 시가 '말로 되어 있는 무엇' 이라는 사실이다. 모든 말이 다 시는 아니지만 시는 다 말로 이루어져 있다.

그러면, 말이란 또 무엇인가? 사람이 그의 마음에 있는 바를 일정한 음성으로서 표현해 낸 것이다. 시는 사람의 말 가운데서도 절실한 속마음에서부터 흘러나온 말로 이루어진다. 독일 시인 릴케가 '말테의 수기' 라는 작품에서 "쓰지 않으면 못 배길, 쓰지 않고는 죽어도 못 배길" 속마음의 요구가 우러나올 때 비로소 시인이 될 수 있다고 한 것도 결국 이것과 같은 뜻이다.

아시아 문학의 가장 오래된 유산인 시경詩經의 옛날 서문에서 "마음속에 움직이는 바가 곧 뜻이 되고, 그것이 곧 시가 된다."고 한 이른바 '시언지詩言志' 의 설명도 이와 같다. 감탄하고 부르짖는다 해서 다 시가 되는 것은 아니지만 적어도 절실한 내면적 갈망이 없이는 시가 성립되지 못한다. 그러면 시는 이처럼 절실한 개인적 감정, 생각을 표현하는 데 그치는가? 그렇지는 않다. 시에 나타난 어떤 개인의 감정과 생각은, 적어도 그것이 제대로 된 시라면, 다른 사람에게도 그 절실함을 전하게 된다. 흔히 말하는 '감동' 이란 바로 이러한 전달 작용을 말하는 것이다.

양소연 님의 시는 이처럼 절실한 내면적 갈망을 개인적 상징으로 고르게 표현하여 더욱 감동을 주고 있다.

첫 번째, 이명耳鳴을 들어보자.

소릿줄이 툭 끊어졌다

지난날을 떠나보내고 훨훨 날고 싶었던 새봄
그 맘을 미리 알았을까 낡은 스피커처럼 어디 한 줄
툭 끊어지고는 삐삐 불량한 소리가 난다

어릴 적 내 몸은 바늘을 얹기만 해도 고운 소리가 흘러
나오는 새로 산 레코드판이었을 텐데 살면 살수록 잡음이
난다 세상 소리 마구 듣다 쌓인 짐이 무거워져 온갖 끈을
당기다 결국 끊어져 버린 줄

손바닥을 비벼 따뜻한 온기로 소릿줄을 위로해보지만
잘못 색칠한 그림처럼 돌이킬 수가 없다. 그리 고운 빛깔
아니어도 누구도 들을 수 없는 소리 하나 얻은 셈으로

바닷소리인양 산새 소리인양
이근*(耳根)으로 가는 길동무 삼아본다.

* 이근(耳根): 소리에 집중하는 수행법, '귀에 의지하여(들음) 완전한 깨달음에 이르다' 는 뜻

이 시에서 이명耳鳴은 귀에서 들리는 소음에 대한 주관적 느낌으로, 외부에서 소리자극 후에 발생하는 잔여 억제 효과다. 이명이 발생했을 때는 먼저 생활 속에서 스스로의 관리와 의지가 무엇보다 중요하다. 이것은 이명에 대한 의학적 설명이다. 양소연 시인은 이명을 비유 중 은유법으로 개인적 상징으로 표현했다.

시의 가장 중요한 요소는 운율과 비유다.

이명은 세상의 잡음이고, 이근耳根은 바닷소리이며 산새 소리인 참다운 깨달음의 소리이며 이명耳鳴은 낡은 스피카처럼 줄이 끊어진 삐삐 불량한 소리이다. 참과 진이 비교되며 양 소연 시인의 시는 리듬이 자연스럽다. 비유는 직유 은유가 차용되며, 개인적 상징이 허위와 진실은 이명과 이근으로

표현된다. 그러면 시는 이처럼 절실한 개인적 감정, 생각을 표현하는 데 그치는가? 그렇지는 않다. 시에 나타난 어떤 개인의 감정과 생각은, 적어도 그것이 제대로 된 시라면, 다른 사람에게도 그 절실함을 전하게 된다. 이명처럼 시는 자기완성의 길이며 흔히 말하는 '감동'이란 바로 이러한 전달 작용을 말하는 것이다.

두 번째 이 뽑기 시를 돌아보자.

시는 지은이의 절실한 감정, 경험, 생각의 표현이면서 그것을 통해 사람과 사람이 서로의 마음을 나누고, 함께 느끼며, 어우러지게 하는 매개 수단이라고 할 수 있다.

-이 뽑기

헌 이빨 뽑고 새 이 자리 마련하는 날
아가, 두려워 마라 아버지만 믿거라

동네에서 더 큰손은 없을 거라던
두꺼비 같은 손으로 작고 고물거리는 이빨에
애써 무명실을 얽으신다

겁먹은 눈 깜빡이며 아버지 손만 바라보는데
오늘은 학교에서 무엇을 배웠나
무얼 하고 놀았나

어, 저기 봐라, 뭐가 날아다닌다
고개 들어 한눈파는 사이
아버지 손이 딱, 이마를 내리치신다

아가, 두려워 마라
아픔도 슬픔도 세월 가면
이 빠진 자리 새 이빨 나듯 새롭게 아물고

단단해지는 것이란다.

마치 추울 때 우리가 서로 몸을 맞대고 체온을 나누듯이, 시는 넓고 거친 세상 안에서 사람들이 서로의 즐거움과 괴로움을 말하고 노래하면서 함께 살도록 해 주는 구실을 하는 것이다. 이 시편을 통해서 아버지와 딸의 훈훈한 사랑이 그려진다.

시는 이처럼 쉬운 말로 깊은 감동을 전해야 한다. 아버지가 딸의 갈아치울 이를 뽑으면서도 아프지 않도록 이마를 내리치는 정경 시가적 이미지는 절창이다. 마지막 5연에 가서 이 뽑기를 통해 아픔도 슬픔도 이 빠진 자리 새 이빨을 나도록 한다는 대화체에서 문학의 교훈성이 있는 것이다. 이 뽑기 시는 시의 기능 중 잊어버린 것을 새롭게 알려 준다,

이시는 즐거움과 교훈을 조화롭게 전하는 감동의 시편이다.

세 번째 '휘돌다 구부러진' 길을 함께 걸어보자.

몸이 아파요
마음이 아프다고 소리 지르는 거죠
몸이 구부러지는데 오랫동안 모른척했어요
마음이 그렇게 힘들었나 봐요
혼자서지 못하는 병이 깊었던 거죠
전 잘 서 있는 줄 알았어요
곳곳에 허수아비 세워놓고는 아무렇지 않은 척
제가 큰 나무라도 되는 줄 알았나 봐요
팽나무처럼 뿌리도 깊고 어깨도 단단한 줄 알았어요
이 어깨면 세 아이 가뿐이 업고 세상 아무 탈 없이
건널 수 있을 거라 생각했어요
이제 그 팽나무 뿌리가 바위를 만났나 봐요
그래서 이렇게 발도 시리고 가슴도 아픈가 봐요

곳곳에 세워두었던 허수아비조차 눈발에 쓰러지고요
눈발 없이 따뜻하기만 했다면 괜찮았을까요
따뜻하기만 한 인생이 있기나 하겠어요
그럼 이 시린 발과 갈라진 가슴을 어쩔까요
허수아빌랑 치워버리고 추우면 춥다 하고
아프면 아프다 하면 견뎌낼 수 있을까요

그래요
세상은 춥고
발도 아직 시리지만 눈길 가는 나무 중에
구부러진 가지 없는 나무 어디 있던가요
한 번 휘돌다 구부러진 것 뿐이에요

양소연 님의 휘돌다 구부러진 시편은, 그 외관으로 보아, 충실한 경험적 직접성과 밀도의 서정성에 의해 감싸여 있다고 할 수 있다. 그의 시편에 들어 있는 풍경들은 대체로 자연스러운 물리적 시간의 흐름을 예민하고도 풍요롭게 담고 있으며, 동시에 시인 스스로 겪어온 날들의 경험들을 선명하게 독백 적 진술로 들려준다. 이러한 경험적 변화들은 '기억'과 '고백'의 형식을 통해 줄 곳 수행되는데, 양소연 님은 이를 통해 자신이 살아온 지난 시간을 깊이 성찰하면서 인간 내면에서 잊혀 진 근원적인 것들을 새롭게 환기하는 서정시의 본령을 충족해 내고 있다. 그래서 양소연 님의 시편들은 시간의 빠른 속도 때문에 우리가 망각했던 삶의 의미를 일깨워주는 목소리로 가득하다. 시가 풍부하게 보여주는 덕목들 가령 개별 사물들이 품고 있는 본질의 탐색, 그것을 현재적 삶과 결속하면서 끌어올리는 그리움의 시적 형상 등은 가장 중심적인 물줄기이자 상상력의 수원水源이다.

우리는 '기억'과 '고백'의 형식을 통해 길어 올리는 시인의 절절한 언어를 따라가면서, 양소연 님이 우리에게 들려주려는 개성적이고도 가슴 울리는 전언들을 만나게 된다.

가령 다음 시詩 연은 그러한 시적 근저를 이루고 있는 대표적 실례일 것이다.

"그래요
세상은 춥고
발도 아직 시리지만 눈길 가는 나무 중에
구부러진 가지 없는 나무 어디 있던가요
한 번 휘돌다 구부러진 것 뿐이에요."

마지막 연에서 이 시는 기원적 시점으로 진술했다. 독백적 진실의 구조를 살펴보면 대체로 두 가지의 시점이 발견된다. 회고적 시점과 기원적 시점이 그것이다. 회고적 시점이 과거를 통한 현재의 반성 형태라면, 기원적 시점은 과거와 현재의 반성을 토대로 하여 미래의 삶에 대한 희구의 형태이다. 그리고 의지가 나타난 주의시主意詩로 희망의 메시지가 있다.

네 번째 시 '성묘'를 가봅시다.

아버지 만나러 가는 날
친정걸음 하듯 설렌다

고려산 중턱에 동그만 잔디 옷을 입고
국화꽃을 들고 계신 아버지

시원한 맥주를 사야 하나
오늘은 명절이니 약주를 사고
좋아하시던 북어랑 약과를 올리니
크신 입이 절로 벙글어지신다

호주로 건너간 아들이
멀리서도 차례를 지낸다지만

고향 땅 냄새 섞인 잿밥이 더 좋구나
어머님 고운 얼굴이 더 반갑구나

무덤가에 소나무 휘휘 둘러보시고
그 놈 참 잘 자랐다 어루만지시고는
봄 철쭉 피면 다시 오마
백합 필 때 다시 오마
뒷짐 지고 또 먼 길 떠나신다

양소연 님의 또 다른 시의 원천은 시인을 낳아준 고향 하늘의 그리움이다. 시인의 정서란 살아온 환경과 관련성이 깊다. 시의 대상이라고 하여 문장 일반의 대상이나 정신생활 일반의 대상과 다른 것은 아니다. 생사를 가진 우리 인간이 인간과 자연과 유계 — 즉 저승을 대상으로 하듯이 시도 그럴 수밖에 없다. 이 밖에 미래라는 것을 생각할 수도 있으나 이것은 결국 과거와 현재의 토대 위에 이루어지는 추상밖에 안 되는 이상 별개의 대상이 적어도 별개의 질량을 주로 해 성립하는 것이라면 이것을 따로 대상의 한 부분으로 설정할 이유는 없겠다. 인생이 그런 것과 마찬가지로 시는 사람과 자연과 유계의 길 — 이 세 개의 영지의 어느 하나를 순례하거나 또는 이 세 개의 영역에 동시 병존하는 데에서 그 정신을 경영할 밖에 없다.

양소연의 성묘 시는 즉 그것으로서 여기에서 그는 이미 영계의 사람이 된 그 무형화한 아버지를 향해 간절한 정을 쏟고 있음을 보는데 이것은 물론 영계의 어느 하나를 주로 해서 대상으로 하고 있는 것들이지만 위에서도 말한 것처럼 어떤 경우 우리는 이상 세 가지 대상을 아울러 대상으로 하거나 또는 그중 두 가지 대상만을 아울러 대상으로 하는 때도 있다.

이것은 언뜻 보기에는 인생에 있어선 아무래도 인사가 제일인 것이 당연한 일 같기도 하나 우리는 자연을 상실함으로써 인생의 진미를 상실케 되는 것이요, 영계를 상실케 됨으로써 인생의 함축력을 잃는 것이니 이 회복은 또한 우리의 숙제가 아닐 수 없다. 특히 근저의 시들에 거의 볼 수가 없는 영계적 요소를 회복하는 것이 우리에게는 더욱 요청된다. 영계란 결국 우리에게 오래 많이 가까이 있었던 무형화한 과거사 그것의 의미이니 우리는 소월같이 한 사람의 죽어간 애인 친화를 통해 그 관문을 열고 들어가서라도 이 영역을 가까이 해 앎으로써 개척하여 나타내야 할 일이 아닌가 생각한다. '성묘' 시에서 마지막 연의 시의 대상 소나무 철쭉꽃인 자연과 화자, 그리고 뒷짐 지고 떠나는 영계의 아버지가 병존적으로 되어 있는 사유의 폭이 큰 시이다.

다섯 번째 시 '폐경 즈음에' 시를 묵독해보자

봉숭아 꽃물들이던 날엔 밤잠을 설쳤다
초경에 설레던 꽃잎처럼 얇았던 시절

살을 파고드는 무명실의 아픔은 모르고
꿈속에서라도 미리 보고 싶었던 진홍색 손톱
날이 갈수록 바래가던 꽃물 색따라
아쉬움도 따라 커가던 시절

그 끝자락에 매달린 그믐달처럼
지금은 저물녘
폐경 즈음
아쉬움조차 가고 안 오는구나

잊고 지낼만하면

머뭇머뭇 존재를 알려줄 뿐
젊음과 이별하는 방법을 모르는 채
물 마른 꽃잎이 내미는 마지막 카드.

여성이 나이가 들면서 난소가 노화되어 기능이 떨어지면 배란 및 여성호르몬의 생산이 더 이상 이루어지지 않는데, 이 때문에 나타나는 현상이 바로 폐경이다. 대개 1년간 생리가 없을 때 폐경으로 진단한다.

이러한 변화는 대개 40대 중후반에서 시작되어 점진적으로 진행되는데 초경으로 가슴 설레던 시절부터 폐경을 맞이하는 심정의 심리묘사가 직유와 은유로 잘 표현되었다. 아쉬움조차 안 오는 청춘의 꿈, 그믐달처럼 지금은 저물녘이 그 경계이다.

물 마른 꽃잎이 내미는 마지막 카드를 어떻게 쓸까요? 아마도 양소연 님은 교육자로서 제자를 가르치고 시인으로 아픔의 거름을 주며 아름다운 삶을 구가하겠다는 굳은 의지가 완숙의 열매를 맺는 삶이 될 것을 믿으며 독자에게 감동을 주는 시편 '이명' 외 4편을 2014년 《다시올문학》 여름호 당선작으로 뽑는다.

심사위원 (유희봉, 김동호, 고창수, 배인환, 김경식)

주제수필_

여행

푸른 하늘 끝닿은 저기 _ 김경식

베이징, 그곳에 가다 _ 김소영

동행 _ 손영자

교촌모과차를 마시며 _ 송혜경

장에 가는 길 _ 신순자

人生의 맛이 쓰고 매울 때 _ 우옥자

나만의 여행 _ 이동희

낯설음 탐닉 _ 정미경

푸른 하늘 끝닿은 저기

김 경 식

고향 땅이 여기서 얼마나 되나
푸른 하늘 끝닿은 저기가 거긴가
아카시아 흰 꽃이 바람에 날리니
고향에도 지금쯤 뻐꾹새 울겠네

윤석중의 『고향 땅』은 『푸른 잔디』, 『나뭇잎 배』와 함께 이순을 바라보는 지금까지도 내가 즐겨 부르는 동요이다. 고향집에 계시는 노부모를 걱정하는 마음도 그렇겠지만 어린 시절 기억에 의한 각인 효과 때문인지 아카시아 피는 봄이면 무의식적으로 흥얼거리게 되는 것이다.

고향을 떠난 적이 없으면서도 유년시절 이 노래를 좋아했던 것은 아마도 '푸른 하늘 끝닿은 저기'에 대한 막연한 동경 때문이었을 것이다.

시골에서 태어난 나의 꿈은 차를 타는 것이었다. 목적지는 어디라고 딱히 정해 놓은 것은 아니었다. 세상 어디라도 차를 타고 떠날 수 있다면 얼마나 좋을까 늘 생각했다.

차편도 마땅찮았고 또 찻삯도 당시의 생활수준에 비해 비싼 것이어서 개인적인 여행이 어려웠던 시절, 학교에서 실시하는 수학여행은 일상 탈출의 거의 유일한 기회였다.

초등학교 수학여행은 서울이 목적지였다. 버스로 대전大田

까지 가서 밤기차를 타고 동이 트는 서울역에 내렸다. 고대했던 청와대 탐방은 그해 1월에 있었던 무장공비 침투 사건으로 무산되었지만 교과서에서 보았던 남산 케이블카와 전차를 탈 수 있었고 인천항에 정박한 군함을 구경하는 등 4박 5일의 일정은 육 · 해 · 공의 탈것을 모두 경험해 보는 정말 꿈같은 여정이었다.

중학교 때는 전세버스를 타고 경주를 다녀왔지만 어찌된 까닭인지 별로 떠오르는 것이 없다. 일출을 보아야 한다고 졸린 눈을 비비면서 걸어 올랐던 첫새벽 토함산의 찬바람과 신라 천 년의 미학을 바탕으로 여성적인 아름다움을 지니고 있다는 다보탑이 내 보기에는 그저 그렇고 그런 돌탑일 뿐이어서 실망했던 것이 기억의 전부이다.

중학교 시절엔 오히려 개인적인 여행이 몇 개 기억 속에 남아 있다.

도시의 도매 서점에서 책을 사면 교통비를 제하고도 쓸 만큼의 용돈을 남길 수 있다는 말을 듣고 도청소재지인 청주淸州까지 버스를 타고 나갔다. 고등학교 입시용 문제집을 과목별로 한 권씩 할인된 가격으로 사고 학교 앞 빵집에 한 번 들를 수 있을 만큼의 우수리가 남게 되었다. 그러나 단팥빵의 달콤한 유혹보다 비록 흙먼지 날리는 비포장도로였지만 왕복 세 시간이 넘는 긴 시간 동안 버스를 탔다는 것이 내게는 더 큰 기쁨이었다.

내친김에 일탈을 감행해 보기로 했다. 여름방학이었다. 한껏 들뜬 마음으로 친구와 함께 속리산 법주사를 찾아갔다. '하라는 공부는 안 하고, 쯧쯧.' 혹 동네 어르신을 만나 꾸중을 듣지 않을까 마음 졸이면서 버스를 탔다. 흰색 하복에 검은색 겨울 교모校帽를 쓴 어색한 차림새였지만 어느 누구의

간섭도 받지 않고 오리숲길을 걷고 법주사 경내를 소요하면서 마음껏 울타리 밖의 공기를 누렸던 생애 첫 자유 여행이었다.

다른 고등학교 학생들은 보통 2박 3일의 설악산 여행을 떠나는데 나의 모교는 선구적 의식을 지닌 교장선생님의 덕으로 3박 4일 제주 수학여행이 계획되어 있었다. 그래서 갑절이나 드는 여행 경비 마련을 위해 입학과 동시에 의무적으로 적금에 가입하였다. 매 분기별 공납금에 덧붙여서 3개월치의 불입금을 내면 학교 측에서 일괄적으로 은행에 납입하는 형식이었다.

마침내 2학년 가을, 적금을 해약하여 여행 경비로 하고 부족액을 납부하라는 가정통신문이 배부되었다.

그때 다시 자유 의지가 꿈틀거리기 시작했다. 제주는 어차피 나중에 신혼여행 때 갈 것이니 적금을 찾아서 우리끼리 여행을 떠나자고 친구 몇 명과 의기투합하였다. 원주 치악산을 거쳐서 영주 부석사를 돌아오는 여정을 미리 짜 놓고 수학여행 떠나는 날을 기다렸다.

그러나 하늘은 우리 편이 아니었다. 수학여행에 참여하지 않은 학생들은 매일 아침 정상적으로 등교해서 오전 네 시간 동안 자습을 하라는 선생님의 지시가 떨어졌다. 우리의 자유 여행은 물거품이 되어버렸다.

수학여행 첫날, 학교를 마치고 은행을 찾아갔다. 적금 해지를 요구했지만 저축 담당 선생님의 확인 도장을 받아오라는 답변이 돌아왔다. 국가적으로 저축을 독려하던 시절이었고 저축금액 또한 학교 평가의 중요한 지표였으니 선생님의 허락을 받는다는 것은 불가능하다 생각했다. 그대로 은행 창구 앞 대리석 바닥에 주저앉아서 "돈 주세요, 내 돈 주세요."를 외치니 은행 업무를 보지 못할 지경이었다. 지점장실로 불려 들어갔다. 학생을 대상으로 한 특판 상품이어서 일반 적금보다 훨씬 이율이 높으니 1년만 더 납입하여 30개월 만기를 채우면 대학 등록금 낼 때 큰 도움이 될 거라고 설득을 하셨지만 우이독경일 뿐이었다. 끝내 적금을 해지하고 의기양양 집으로 돌아왔다.

여행 대신으로 기타를 사야지 했었는데 그만 친구 놈의 꾐에 넘어가 버렸다. 남들은 제주에서 재미있게 놀고 있을 텐데 우리도 한번 즐겨보자는 유혹은 뿌리칠 수가 없었다. 둘째 날 오후 막걸리를 한 통 사서 메고 인근 마을 뒷산으로 올라갔다. 불콰해져서 사정없이 '송창식'과 '어니언스'를 불러 젖히고 있는데 마을 청년들이 몽둥이를 들고 뛰어 올라왔다. 그들에게 잡혀서 학교에 알려지면 정학停學이나 퇴학 처분을 받을 만큼의 위험한 탈선이었다. 줄행랑을 쳐서 시내 공원에서 어슬렁거리다 쓸쓸히 흩어졌다. 기타도 끝내 사지 못하고 적금은 흐지부지 사라져 버렸다.

고등학교를 마치고 진학한 곳이 국립사범대여서 입학금과 수업료가 면제되고 한 학기 등록금이 8만원 정도였다. 적금의 계약금액이 얼마였는지 기억은 나지 않지만 그 지점장님의 말씀을 들었으면 어쩌면 1년 정도는 부모님의 학비 걱정을 덜어드리지 않았을까 후회가 된다.

대학 다니면서 시내버스를 타고 다니는데 한동안은 지하도 공사가 있어서 십여 분씩 외곽으로 우회하였다. 멀리 돌아가니 좋다 했더니 차장 아가씨가 신기한 듯 웃으며 쳐다보았다.

입대하여 신병훈련을 마치고 배치받은 부대가 특전사였다. 해마다 몇 달씩 계속되는 천리 행군, 유격 훈련, 해양 훈련에 잊을 만하면 닥쳐오는 낙하산 강하는 말로 다 못할 만큼 고통스러운 것이었지만 전국 각지를 누비고(?) 다니는 것은 누구도 누리지 못하는 특권이었다. 부대가 있는 서울 경기 지역은 물론이거니와 강원도 오대산에서 시작하여 강릉, 영월, 충청도 단양, 태안, 대천, 경상도 봉화, 영주, 예천에 전라도 광주에 이르기까지 의도하지 않았던 국토순례를 실컷 한 셈이다.

여행이란 차를 타는 것이다. 버스든 기차든 표를 끊고 멀리 떠나는 것이다. 그것은 막연한 그리움을 찾아가는 것이다. 떠날 수만 있다면 그 대상이 사람이어도 좋고 풍경이어도 좋고 혹은 타지의 낯선 바람이어도 좋다.

역마살驛馬煞이 든 것처럼 나는 오늘도 '푸른 하늘 끝닿은 저기' 로 떠나가는 꿈을 꾼다.

베이징, 그곳에 가다

김 소 영

2002년 7월 18일부터 21일까지 3박 4일간 동료 8명과 여행을 가기로 하였는데 한 명이 사정이 있어 결원되는 바람에 한 사람 추천을 하라고 하였다. 나는 고등학교 교사로 퇴임하신 아버지를 조심스럽게 추천하였더니 모두 좋다고 하여 아버지께서도 중국여행에 함께하게 되었다. 그때 아버지 연세 70이셨다. 난생처음으로 비행기를 타고 해외로 여행을 간다는 설렘을 안고 인천공항에서 아버지와 손을 잡고 사진도 찍었다. 두 시간만에 북경공항에 도착했는데 손목시계는 오후 4시를 가리키고 있었다. 현지 가이드는 시간을 3시로 맞추라 하며 중국 시간으로 우리에게 약속을 전하였다.

– 함풍제를 사로잡은 궁녀 이야기

여행 첫날인 18일 천단공원, 유리창, 소림사 무예 관람 등의 일정이 있었다. 천단공원에는 황제가 신에게 제사 지내는 기년전이 있는데 황제는 이 제사를 위해 일 주일간 술, 노래, 여자를 멀리하며 몸을 정갈하게 하고 기년 전에 기거했다. 그런데 야심을 품은 궁녀가 변복을 하고 그곳으로 들어가 황제에게 접근하여 환심을 사서 후에 청나라 함풍제의 황후, 서태후가 되었다. 그녀는 황제의 정실이 낳지 못한 유일한 아들 재순을 낳았고, 그 아들은 1861년 동치제로 등극하였다. 동치제가 죽자 서태후는 세 살밖에 안 된 조카를 양자로 삼아 광서제에 오르게 하여 청나라 반세기 기간을 섭정하였다. 광서제는 1875년부터 1908년까지 재위하였다. 1898년 젊은 광서제가 청나라를 쇄신하고 근대화하기 위해 급진적인 개혁주의를 폈으나 양어머니인 서태후는 광서제를 궁전에 연금시키고 보수파와 부패관료 일당을 기반으로 청나라를 철권통치로 섭정한, 중국 역사상 가장 강력한 여성지배자로 기록되기에 이르렀다.

– 자금성의 황금 유리기와를 굽던 마을 유리창

천단공원을 뒤로 하고 자금성의 황금 유리기와를 굽기 위해 조성되었던 곳, 오늘날 우리의 인사동과 같은 유리창이라는 거리를 구경하였다. 중국의 향기가 물씬 나는 서민적 거리로 다양한 문방구와 중국인의 생활용품들은 나의 시선을 바쁘게 하였다. 그 중 콩쥬라는 놀잇감은 줄을 타고 노는 팽이 같은 것으로 어린이들뿐 아니라 어른들도 재미있게 할 수 있는 신기한 것이었다. 나는 콩쥬놀이에 한동안 시선을 빼앗기다가 패키지여행의 특성상 저녁식사를 위해 자리를 떴다. 저녁식사로 궁중에서 주로 먹었다는 오리요리인 베이징카오야를 먹고 박력 있는 소림사 무예를 관람하였더니 세상에 부러울 것이 없었다.

– 서태후의 별장 이화원

다음날인 19일에는 이화원, 천안문, 자금성, 경산공원, 서커스 관람의 일정이 있었다. 서태후의 여름별장인 이화원을 갈 때에 조선족 가이드는 서태후에 대한 일화를 들려주었다. 아침에 일어나면 갓 출산한 여인의 젖을 한 사발 마시는 것으로 시작하여 머리칼 한 올, 물 한 방울 바닥에 떨어뜨릴 경우 시녀들의 목이 날아가 그녀의 시중을 드는 것은 칼날 위에서 춤을 추고 있는 것이나 다름없었다 한다. 나는 그런 서태후의 고유이름이 자희황후이며 서태후는 황제의 첩이라는 보통명사인 것을 그제야 알게 되었다. 황제의 정실은 동태후, 후실은 서태후로 불리어졌다는 것을 알고 나는 깨달음을 얻은 듯이 기뻐했다.

우리는 서태후의 여름 별장인 이화원[Summer Place]으로 갔다. 이곳은 건륭황제가 호산원이라는 정원을 고쳐 별궁으로 사용하던 것이었으나 140년이 지난 후 서태후가 자신의 은신처로 삼기 위해 대대적인 보수작업을 하고 이름을 이화원으로 고쳤다. 82세의 나이로 죽을 때까지 청나라를 48년간 섭정한 그녀는 멀쩡한 아들을 성병 환자로 만들어 죽게 하고 세 살 조카를 양아들로 삼아 재위시켜 섭정을 이어갔으며 자기가 죽기 전날 양아들인 광서제를 독살했다는 추정을 강력하게 받는 여인이었다. 이곳에는 세계에서 제일 긴 728미터의 복도 장랑長廊이 있다. 나는 이곳을 걸으며 역사가 진순신의 말을 되새겼다.

'역사를 돌이켜보면 서태후라는 어리석은 여자 한 명 때문에 평범한 중국인들이 얼마나 많은 어려움에 처했는지 그 긴 복도의 중심에 서서 느낄 수 있을 것이다.'

– 곤명호의 아름다운 스치쿵차오와 용선 유람

이화원에는 드넓은 호수 곤명호가 있다. 이 호수 가운데에 아름다운 돌다리 '스치쿵차오[17 공교]'가 있다. 이 다리 아래 물이 흐를 수 있는 17개의 아치가 있어서 붙여진 이름인데 인간이 이렇게 아름다운 다리를 만들 수 있다는 사실에 놀라며 다리를 배경으로 사진을 찍었다. 그리고 곤명호에서 용선龍船을 타고 시원한 바람을 맞으며 유람하였다. 나는 옆에 앉은 한국 노부부에게 말을 걸었다. 강릉에서 자식들이 여행을 보내주었다는데 사진 한 장 찍지 않은 것이 안타까워서 내 FM2 필름 카메라에 되도록 다정하게 그 노부부의 모습을 담았다. 나는 그 노부부가 다정하게 찍힐 수 있도록 '이렇게 손을 잡아 보세요, 할머니 어깨에 팔을 올리세요.' 하며 여러 번 셔터를 누르고 주소를 적어 한국에 와서 사진을 우편으로 보내주었다. 지금도 내 앨범에 있는 당시 75세이셨던 최곤진 할아버지의 주소와 전화번호가 미소를 자아내게 한다. 우리 부모님께서도 그때까지는 두 분이서 같이 한 번도 해외여행을 가보지 못하셨다. 그 후 2006년 동생과 함께 아버지 어머니께서 함께 일본여행을 하실 수 있도록 배려했다. 그렇게 했던 것이 얼마나 잘된 일이었던가를 지금도 가슴 따뜻하게 안고 산다.

-놀라운 규모의 자금성을 걸으며

용선 유람을 마치고 TV 뉴스에서 자주 보았던 천안문으로 향하였다. 천안문은 자금성의 남쪽문, 우리나라의 광화문과 비슷하다는 것도 알게 되었다, 자금성은 그야말로 어마어마한 규모의 궁성이라는 것을 몸으로 실감했다. 중화사상中華思想으로 끊임없이 주변의 약소국을 짓누르며 패권을 차지하려는 중국 역사와 그 화려한 궁성이 모두 약소민족과 불쌍한 인민을 희생하며 건설한 점이라는 것을 생각하며 나는 자금성의 한복판에 서서 중국에 냉소를 보냈다. 사대事大로 인한 우리 민족의 아픈 역사가, 병자호란 후 조공으로 인한 우리 민족의 슬픈 역사가 떠올랐기 때문이다. 저녁 식사 후 중국기예서커스를 관람하며 인간의 한계는 도대체 어디인가 하는 질문을 던졌다. 사람이 고무줄처럼 유연하게 와이어처럼 잘 휘어지며 위태로운 바퀴 위에서도 중심을 그렇게 잘 잡을 수 있다니 감탄이 절로 나왔다.

–만리장성에 얽힌 맹강녀 전설을 들으며

셋째 날 드디어 만리장성에 올랐다. 장성은 기원전 7세기부터 축조하여 명나라 1,600년까지 2,300년 동안 쌓았는데 어디까지나 방어 위주의 정책에서 세워진 것이다. 진시황제가 북방의 흉노족 침입에 대비하여 특히 심혈을 기울였던 만리장성, 당 · 청 시대에는 장성을 쌓지 않았는데 장성을 쌓지 말고 민심을 쌓으라는 선대의 교훈을 따른 듯하다. 이 장성에 얽힌 맹강녀전설은 중국의 인민들이 장성으로 인해 얼마나 고생을 많이 했는가를 말해준다.

제나라 범기량의 처 맹강녀는 산동성에 살고 있었다. 범기량은 노역에 동원되어 장성 축조장에 끌려가게 되었다. 그가 간 곳은 팔달령장성보다 훨씬 북쪽이었으므로 엄청 추웠다. 남편이 걱정된 맹강녀는 방한복을 지어 남편에게 가져다주기 위해 기나긴 고난의 여정을 떠났다. 드디어 공사장에 도착했지만 남편은 죽은 뒤였다. 너무나 상심한 그녀는 성벽 아래로 몸을 던져 스스로 목숨을 끊었다. 그러자 이상하게도 높은 성벽이 스르르 무너져 남편의 유해가 나타났다.

우리는 이 전설을 버스 안에서 듣고 중국의 상징과도 같은 만리장성에 가기 위해 케이블카에 올랐다. 일흔이 되신 아버지께서도 함께하셔서 나는 정말 기뻤다. 만리장성의 일부분까지는 케이블카를 타기는 했지만 케이블카에서 내려 우리는 사뭇 경사진 장성 길을 걸어 팔달령장성까지 올라가 동료 교사 일행과 아버지와 함께 단체 사진을 찍었다. 그곳에는 '만리장성에 오르지 못하면 대장부가 아니다.' 라고 한국말로 커다랗게 쓰여 있었다. 중국의 만리장성에 한국말이 보이다니 어쨌든 기뻤고, 한편으로 한국 사람들의 방문이 얼마나 많은가를 말하여 주는 듯하였다.

하루의 관광을 끝내고 숙소에서 동료들과 함께 아버지가 이야기 해 주시는 중국의 역사를 듣고 생수보다 싸게 산 중국 캔맥주를 한 잔씩 기울이며 즐거워했던 생각이 난다. 언어가 다른 곳에 첫 번째로 가본 중국 베이징. 시차가 한 시간 있는 곳. 사람들은 우리와 비슷하게 생겼지만 그들이 무엇인가 만들었고, 만들고 있는 규모는 어마어마하게 컸다. 땅이 넓고 인구가 많아 생긴 결과가 아닐까. 그 당시 가이드의 말로 인구가 11억인데 한 자녀 정책 때문에 호적에 오르지 않은 인구가 1억 정도 된다고 하였다. 인구 조사가 끝나면 인구가 불어 정확한 인구수를 알 수 없다고 한 말이 중국의 규모를 가늠하게 하였다. 거대한 중국의 수도 베이징에 단 며칠 발을 딛은 것만으로도 충분히 새로웠고 고정관념들을 깨어야겠다는 생각을 하게 한 여행이었다. 중국은 2008년 올림픽을 치르고 세계에서 가장 빠르게 성장하고 있는 나라다, 중국에 가까이 있는 한국은 중국으로 인해 발전한다는 경제학자의 말을 들은 적 있다. 동양에 위치한 두 나라가 서로 도움을 주면서 지구를 나누고 지구인의 마음도 나누면서 발전해가면 좋겠다는 생각으로 나의 첫 해외여행, 2002년 여름, 베이징 여행을 앨범과 함께 다시 되새겼다.

동행

손 영 자

지난해 4월, 아들이 일본 쓰쿠바 대학에 진학했다. 고등학교 때까지 짜여진 틀에 맞추어 생활하느라 여행 다닐 시간조차 없이 학교와 집 밖을 벗어난 일이 없었는데 타국에서 어떻게 지낼까 걱정이 앞섰다. 친구들은 엄마가 일본까지 동행하여 학교 숙소를 둘러보고 필요한 물품까지 장만해 주었다는데 직장에 매인 나는 떠나는 날에도 공항에서 배웅하지 못하고 엄마들이 인터넷에 올려놓은 사진을 보며 마음만 쓸어내렸다.

유학 보내고 몇 개월 지난 후 드디어 아들을 만나러 가게 되었다. 출발 며칠 전부터 들뜬 마음으로 필요한 것들을 챙기기 시작했지만 마음은 어느새 아들에게 달려가고 있었다.

쓰쿠바 대학은 이바라키 현 남부에 위치해 있는 쓰쿠바시에 있다. 이 도시는 교도 도심에서 약 60km 정도 떨어져 있으며 1985년 과학엑스포를 치러내며 세계적 연구 학원도시로 발돋움한 도시이다. 녹지가 매우 넓고 우수한 교육환경, 차도와 보도를 분리 설계하는 세심함으로 일본에서도 가장 살기 좋은 도시 중 하나로 꼽힌다고 한다.

나리타공항에 내리니 아들이 승용차를 가지고 마중을 나와 깜짝 놀랐다. 선배들이 폐차한다는 걸 친구와 둘이서 검사를 받아 함께 사용한다고 했다. 20년이 넘은 자동차이지만 공대 선배들이 업그레이드를 시켜 대물림해 온 최첨단 기능이 갖춰진 보기에도 멋진 자동차였다. 공부만 해도 시간이 부족 할 텐데 차로 인해 공부에 방해되지 않을까 염려되었다. 웬만한 가전제품은 선배들이 졸업하며 후배들에게 물려주어 필요한 물건 없으니 걱정 말라는 아들의 말이 따뜻하게 가슴에 와 닿았다.

우리나라에 비해 일본은 교통비가 비싸다. 하지만 학교 선배들로부터 대물림받은 차가 있어 편하게 다닐 수 있었다. 부모님 오신다고 그동안 맛있게 먹어 본 음식들과 다양한 관광계획을 세워놓았다. 그중에서도 가장 기억나는 것은 한해의 마지막 날 쓰쿠바산 등반과 일본 전통문화 체험을 위한 숙박 시설인 료칸에 투숙한 일이었다

쓰쿠바시 북부에 위치한 쓰쿠바산은 일본에서도 손꼽히는 이름난 관광지이다. '서쪽의 명산이 후지산이라면 동쪽의 명산은 쓰쿠바산' 이라 불릴 만큼 간토지방의 유명한 산으로 알려졌다. 실제 쓰쿠바산은 후지산의 이름을 붙여 '쓰쿠바 후지' 라 부르기도 한다.

이곳은 두 개의 봉우리로 하나는 남자를 뜻하는 난타이 산이고 다른 하나는 여자를 뜻하는 뇨타이 산이다. 이는 일본 신화에서 부부를 상징하는 것으로 각 봉우리 정상에는 신을 모시는 본전이 있다고 한다.

해발 870m의 산으로 등산로가 잘 닦여져 있어 가벼운 등산이 가능하고 난타이 산의 경우 2시간 정도면 여유롭게 도착할 수 있다고 한다. 가볍게 등산할 수 있다는 말에 부츠를 신었지만 우리는 산 정상을 등산로를 따라 걸어서 올라가고 내려올 때는 케이블카를 이용하기로 했다

먼저 산 중턱에 자리한 '쓰쿠바 신사'를 들렀다. 신사에 들르기 전에 몸과 마음을 정결히 하라는 뜻으로 입구에 물이 준비되어 있었다. 이곳은 쓰쿠바산 그 자체를 신으로 모시는 일본의 유서 깊은 신사로 사업의 번창, 액막이, 결혼의 신으로 알려져 있으며 지금도 그 옛날의 축제인 '오자가와리 축제'가 1년에 2번 행해진다고 한다. 신사 건물 중앙에는 커다란 방울이 장식되어 있었다. 새해를 앞두고 우리는 작은 종이로 말아 놓은 점괘를 사서 보았다. 재미로 본 점이지만 아마도 여기에 적힌 점괘들은 모두 희망을 주는 것이리라.

신사를 나와 뒤편 등산로를 따라 올랐다. 산을 오르며 만나는 사람들은 어른 아이 할 것 없이 먼저 인사를 나누고, 내려오는 사람들은 올라오는 사람을 위해 물러서서 잠시 기다려 준다. 다른 사람을 배려해주는 점이 무척 인상적이었다.

준비 없이 출발한 등반이었기에 미끄러지지 않으려 긴장하며 올라 힘들었지만 드디어 정상에 올랐다. 돌아가는 한해에게 고마웠다고 손 흔들어 주고 다가오는 새해의 소망을 빌었다. 멀리 후지 산이 보였다. 날씨가 좋은 날은 도쿄의 전경이 한눈에 펼쳐지는데 특히 도쿄의 새로운 관광명소인 '도쿄 스카이트리'는 장관이란다. 전망대에 올라 점심을 먹고 내려올 때는 케이블카라 불리는 미니 기차를 타고 내려왔다. 높은 산 정상까지 놓인 작은 선로가 이채롭다. 선로를 따라 천천히 내려오는 미니기차에서 산의 속살을 음미했다. 겨울 산인데도 삭막하지 않고 기묘한 수목들의 자태로 충분히 아름다웠다.

산을 내려와 예약해 놓은 료칸으로 갔다. 이곳은 쓰쿠바산 언덕에 있어 아름다운 일몰을 볼 수 있고 온천까지 갖춘 이름난 곳이라 가격이 꽤 비쌌다. 예약한 아들 이름이 붙여진 방은 일본식 가구와 장식품이 있는 넓고 정갈한 다다미방이었다. 미닫이 문안에는 여러 벌의 예쁜 유카타가 준비되어 있고 방 가운데 상에는 전통 다기와 접시, 녹차와 단고 같은 전통 과자가 준비되어 있었다.

7층에 위치한 야외 온천탕에 들어가니 마침 해가 서산마루에 걸려 내려앉는 중이었다. 노천탕에는 여러 나라의 사람들이 저녁 해를 바라보고 있다가 급하게 들어오는 나를 향해 어떤 여자가 chance time 이라며 손가락을 치켜세운다. 황홀한 광경에 취해 낯선 이들과 우리는 짧은 영어로 간단한 대화를 나누었다. 벅차오르는 마음을 나누고 싶은데 마음뿐, 소통되지 않는 언어가 발목을 잡는다.

따뜻한 온천물에 몸을 담근 채 한해의 마지막 일몰을 본다는 것이 감격스러웠다. 순식간에 서쪽 바다로 사라진 태양은 끝없이 이어진 수평선 너머로 오래도록 붉은 노을을 물고 있었다. 모여 있던 사람들도 하나둘 빠져나가고 몇 사람만이 남아 태양의 뒷모습을 감상하였다. 사위가 깜깜해지도록 온천탕에 남아 이국의 밤하늘을 바라보았다. 낮과 밤의 교대식은 은근하면서도 장엄했다.

저녁 해를 보았다
지평선 끝없이 펼쳐진 산언덕에서

서녘에 걸린 해가 순식간에 들판 아래로 떨어지고
서쪽하늘은 주홍빛 노을을 오래도록 걸어두고 있었다
먼 바다를 건너온 저녁
어둠에 밀려 조금씩 낮이 지워져가고 있었다

낮과 밤의 교대식
하루의 노동을 끝내고 돌아 온 저녁
하얀 앞치마 두르고 마중 나온 낮

서두르지 않고 조신하게 저녁을 맞이하였다
집집마다 밥상이 차려지고
한동안 낮과 밤이 섞이는 소리가 들렸다

이제
장엄한 의식이 끝났다
빈틈없이 사방이 어둠으로 채워졌다

저녁식사는 카이세키 요리, 일본 전통 코스 식사이다. 커다란 식탁 위에도 아들이름표를 세워 놓았다. 식탁 곁에는 전통 의상을 입은 여자들이 코스로 나오는 요리를 먹기에 알맞게 접시에 담아 주었다. 음식이 깔끔하면서도 화려했다. 양은 적어도 코스로 나오는 요리종류가 많아 맛보기만 해도 든든했다. 아침식사는 저녁과는 다른 분위기로 다다미방에서 밥상에 앉아 소박한 코스로 나오는 음식을 즐겼다.

일본의 다양한 문화를 체험해보는 일은 고가의 숙박비가 들었으나 얻은 것도 많았다. 듣기만 했던 일본의 일상적인 문화를 직접 경험하면서 일본에 대한 선입견을 조금은 수정할 수 있었다.

유학 온 지 몇 달 지나지 않았는데도 현지인과 다름없이 잘 적응한 아이가 대견스러워 아들에 대한 염려는 조금 내려놓았다.

교촌 모과차를 마시며

송 혜 경

우리 집 식탁에는 모과차를 담가 놓은 유리병이 두어 달째 놓여 있다. 작년 가을 경주 교동에 갔다가 얻어온 모과 다섯 개 정도로 담근 차인데, 큰 아이가 고사리손으로 '교촌 모과차' 라고 공책을 찢어 적은 제목이 붙여져 있다. 날이 갈수록 유리병에는 진한 갈색의 즙이 우러나오며 차가 무르익어감을 알리고 있다.

작년 11월 중순에 내가 경주에 간 것은 거의 우연이었다. 특별한 목적이 있어서가 아니라 가족과의 일 때문에 겸사겸사 들른 것이었다. 하지만 오랜만에 들러본 경주는 십대 시절 수학여행 때 처음으로 마주했을 때의 낯설고 서먹한 땅이 아니었다. 이십대 때 두어 번 더 다녀간 이후 조우한 지 십 년이 훌쩍 지나 있어서인지 오랜 친구를 다시 만나는 듯한 친근한 설렘이 있었다.

처음 발을 뗀 곳은 보문호였다. 수학여행 버스에서 내려 주차장에서 처음 호수를 바라봤을 때 보문호가 진한 잿빛이었다는 것을 이상하게도 나는 지금도 또렷이 기억하고 있다. 부연 잿빛 대기가 경주를 대표하는 유원지라는 설명과 너무나 상반돼서였을까? 그런데 추위가 날카로워지기 시작하는 11월 중순인데도 다시 온 보문호는 햇빛에 따스함이 남아 있고 바람은 맑은 공기를 실어나르며 여행자의 발걸음을 가볍게 했다. 보문호를 따라 산책을 하며 마음마저 밝게 소독되는 순간, 옛 기억도 환하게 편집되는 것을 느꼈다.

호반에서의 산책을 즐기는 것도 잠시, 아이들의 성화에 할 수 없이 우리 가족은 오리배를 타게 되었다. 몇 년 전 한여름에 한강에서 오리배를 탔다가 땀만 뻘뻘 흘렸던 경험 탓에 안 타려고 했지만, 그때를 이미 잊어버린 아이들은 한사코 막무가내였다. 배를 타고 보니 호수 가장자리의 수풀에 진짜 오리들 백여 마리가 한가로이 떠다니고 있었다. 그때부터는 오리들과 시간 가는 줄 모르는 경주의 시간이었다. 호수 가운데로 나온 오리를 보려고 우리가 페달을 밟아 가까이 가면 오리는 부지런히 발을 저어가며 가장자리로 도망을 가 버린다. 무심한 오리가 야속해 우리도 최대한 가속을 내 보지만 우리 마음도 모르고 오히려 오리는 물속으로 잠수한 뒤 공중으로 솟구쳐올라 가장자리로 쏙 들어가 버린다. 맑고 상쾌한 가을 공기 속으로 가슴을 뚫고 웃음소리가 퍼져 나왔다. 가짜 오리를 타고 진짜 오리와 헤엄치기 경주를 하며 십대 때는 느끼지 못했던 보문호의 즐거움을 생생히 느낀 시간이었다.

보문호에서 발걸음을 돌려 도착한 곳은 경주의 역사를 느낄 수 있는 곳들이었다. 경주 시내에 있는 계림과 인왕동고분, 첨성대, 교촌 한옥마을이 가까운 곳에 모여 있어 그곳을 둘러보기로 했다.

계림의 입구에서 인력거를 대여하는 사람을 만났다. 우리는 인력거만 빌리고 끌어주는 사람 없이 우리가 직접 인력거를 끌기로 하고 계림으로 힘차게 페달을 밟았다. '운수 좋은 날' 로 대표되는 일제강점기 우리 민족의 비극을 상징하는 인력거가 오늘날 우리나라를 대표하는 관광지의 매력적인 운

송 수단이 됐다는 점이 신선했다. 인력거를 타고 나아가니 지나가던 사람들도 다들 신기해하며 우리를 쳐다보았다. 페달을 밟는 남편은 힘에 부쳐 끙끙대면서도 사람들의 시선과 우리의 박수에 웃으며 연신 인력거를 끌었다.

신라의 시조인 김알지가 태어났다는 계림은 아름드리 소나무들이 그리는 굵은 곡선으로 빽빽했다. 계림을 지키는 정령들의 팔인 듯 소나무들은 허공을 휘감으며 마음의 곡선을 부드럽게 풀어나갔다. 저들처럼 무엇이나 오래 품다 보면 더 이상 직선일 수는 없을 것이다. 인고의 세월을 묵묵히 지키며 저도 모르게 살짝 풀어지고, 그러다 또 어느새 여물어지다 보면 생기는 굵은 곡선, 그 선에 나도 마음을 풀어 두고 계림을 나왔다.

계림 옆에는 인왕동 고분이 우뚝 서서 소나무 숲을 굽어보고 있다. 고분 옆에 둘러진 울타리 너머로 기울어가는 가을볕이 봉분의 잔디 위로 얇은 잠자리를 여며 주었다. 우리 아이들이 뛰어노느라 분주한데도 고분 곁에는 침범할 수 없는 고요함이 감돌았다. 한국인이라면 누구나 경주를 떠올릴 때 함께 연상할 만큼 친숙한 위엄이 서린 고분, 이 거대하고 고요한 무덤이 경주를 상징하는 풍경이라는 데에 이의를 제기할 사람은 별로 없을 것이다. 버스를 타고 경주를 지나쳐갔을 때라도 멀리서 고분의 웅장한 위용을 볼 수 있을 만큼 경주는 고분이 흔한 곳이다. 그 커다란 무덤을 베고 생활하는 경주인의 삶은 어떤 느낌일까? 외지인인 내가 상상하기조차 힘들었다. 하지만 초고층빌딩과 매연에 잠긴 대도시에서의 삶과는 분명 다를 것이었다. 잠시 들르는 나그네로서 나는 고분이 경주인들의 밝은 미래를 넉넉히 품어주기를 바라보았다.

21세기의 인력거는 짬짬이 쉬어 가며 첨성대 앞에 우리를 내려 주었다. 큰 아이는 학교 정원에 실제보다 약간 축소된 첨성대 모형이 있어서 첨성대에 대한 관심이 매우 높았다. 하지만 막상 첨성대를 보고 나니 감흥도 잠시, 기념사진을 찍은 후에는 별다른 의미를 찾기가 힘든 모양이었다. 하긴 나도 처음 관람했을 때는 중고등학교 역사 시간에 의미 있게 배우는 유적임에도 그다지 높지 않은 높이에 실망했었다. 그런데 그 후 이십 년 넘는 세월이 흘렀는데도 첨성대는 그 자리에 그대로 서 있어 주었다. 어찌 보면 당연한 일인데도 흐뭇한 반가움이 일었다. 첨성대는 소녀가 중년이 되는 세월 동안 한결같이 밤하늘의 별빛을 묵묵히 길어 왔다. 그런 존재가 이 세상에 있다는 것을 그동안 잊고 살았음을 깨닫는다.

지친 인력거를 반납하고 마지막으로 우리는 교촌마을로 들어섰다. 교촌마을은 조선 중기 이후 형성된 만석꾼 최부자 고택을 비롯한 한옥으로 이루어져 있어 옛 문화의 정취가 호젓하게 흐르는 곳이다. 경주법주 만드는 곳을 관람한 후 최부자 고택을 찾아갔으나 시간이 늦어 이미 폐쇄되어 있었다. 저물어가는 하루가 마냥 아쉽기만 해 이리저리 발길 닿는 대로 마을을 둘러보니, 돌담 너머 보이는 살림살이로 보아 실거주자가 많다는 것을 알 수 있었다.

그렇게 발길을 내딛다 눈길이 간 곳은 솟을대문이 높다란 기와집의 입구에서였다. 반쯤 열려진 문 너머에서 부지런한 인기척이 느껴졌다. 솟을대문 안쪽 이십 평 정도 되는 밭이랑에 앉은 팔순쯤 된 할머니 한 분이 말린 콩대에서 꼬투리를 따고 계셨다. 밭의 안쪽에는 안채와 사랑채로 통하는 문, 그리고 아랫사람들이 드나드는 문이 각각 따로 나 있었다.

한눈에 보기에도 매우 규모 있는 집안임이 짐작되었다.

잠시 들어가도 되겠냐는 우리의 물음에 할머니는 흔쾌히 허락해 주셨다. 무엇을 하시는 중이냐고 여쭤보니 이곳은 원래 행랑채와 손님들이 묵던 방이 있던 곳이었는데, 주인어른이 돌아가시고 사람들의 왕래가 뜸해져 쓸모가 없어진 뒤로 건물을 헐고 밭을 일구게 되었다고 한다. 일조량이 좋지는 않아 콩이 많이 열리지 않았지만 그냥 버리기가 아까워 소일삼아 수확하고 계신다고 했다. 콩꼬투리를 따시며 우리와 이야기를 나누던 할머니께서는 우리에게 건물 안을 둘러봐도 된다고 하셨다.

처음에는 무심코 오래된 집에 들어왔다고 여겼는데, 짜임새 있는 건축물들의 구조로 보아 그 집은 교촌마을을 대표할 만한 매우 유서 깊은 고택이었다. 할머니는 가문에 대한 자부심이 높은 분이었다. 사랑채로 향하는 우리에게 최 씨 가문에 대한 설명을 간간이 해 주신다.

이 집은 최 부자 종갓집에서 약 백오십 년 전쯤 분가해 온 형제의 집이며, 할머니의 남편분은 종손인 최준 선생과 사촌지간이라고 하셨다. 손이 귀한 가문이어서 분가를 할 당시 매우 신경을 써 주셨는데, 정원에 있는 오 척쯤 되는 석등들만 해도 이 집을 지을 당시 이미 백 년이 훌쩍 지난 것을 어느 절에서 데려온 것이었다. 사랑채 앞 정원을 가득 채운 크고 작은 나무들 중 단연 으뜸인 모과나무들 또한 당시 백오십 년 된 나무들을 옮겨와 심은 것이었으니, 삼백 년이 된 모과나무와 마주하고 있는 것이었다. 또한 옛 건물치고는 제법 큰 사랑채 왼쪽 작은 건물 하나는 예전에 서당으로 쓰던 곳이라고 하는 걸로 보아 사회 지도층의 의무와 베풂을 중시했던 최씨 집안의 가풍이 여기에도 서려 있음을 알 수 있었다.

남편과 이런저런 이야기 끝에 할머니의 표정이 어두워지신다.

"옛날에는 이 주변이 다 최 씨 집안 땅이었다. 최준 그 어른이 좋은 일 하실라고 대학에 전 재산 기부했는데, 그 많던 재산 이제는 다 빼앗기고……."

끝내 말을 잇지 못하시고 먼 하늘만 바라보시는 모습이었다. 자세한 속 이야기는 잘 알지 못하지만 최 씨 가문의 재산이 억울하게 없어진 것만은 알고 있어서 할머니의 말씀에 안타까운 마음만 전해 드렸다.

"그러게요, 좋은 일 하려고 하신 건데……."

뭐라 위로해 드리기가 힘든 순간, 고개를 드니 해질녘 짙어져 가는 허공의 어둠 속에서 유독 눈에 띄는 것이 있었다. 그것은 모과였다. 어둠이 조금씩 밀려들자 모과나무에서 노랗게 익은 큼직한 열매가 곳곳에서 불을 밝히며 존재를 드러내고 있었다. 삼백 년째 키워온 열매는 여태껏 봐 온 그 어떤 모과보다도 더 크고 노랬다. 그야말로 노란 모과등이었다. 아이들도 탐스러운 모과가 신기한지 나무를 쳐다보며 저 열매가 뭐냐고 야단스러웠다. 정원을 장식하는 커다란 석재 위에 돌덩이만 한 모과들이 여러 개 모아져 있었는데, 할머니께서는 아이들에게 잘 익은 모과를 골라 마음껏 가져갈 수 있도록 해 주셨다.

고맙다는 인사를 드리고 나오면서 안채가 있는 쪽을 보니 키 낮은 식물들로 빼곡한 안채의 정원은 매우 넓기는 하지만 돌보는 손길이 부족해 쓸쓸히 퇴락해가고 있었다. 장성한 자식들을 모두 서울로 보내고 할머니 혼자서 지키기에는 너무나 큰 집, 하지만 그곳에는 여든의 나이에도 떠나지 못하고 힘닿는 대로 애쓰며 할머니가 끝까지 지켜내고자 하는 넉넉한 베풂과 인정이 깃들어 있었다. 내가 이 세상에서 더 이상 마음을 다해 지킬 만한 가치를 찾지 못했을 때, 그때 다시 할머니가 기다리고 있는 이 집을 찾아보리라 생각하며 나는 대문을 나섰다.

굳게 닫아 놓은 모과차의 뚜껑을 열어 차 한 잔을 마셨다. 은은하면서도 향기롭고, 새콤하면서도 달콤한 향이 몸을 데운다.

경주는 천 년 왕조 신라를 빛낸 옛 수도였다. 또한 경주는 속도와 물질, 폭력 등에 찌든 현대인들을 이끌어주는 정신문화의 수도이기도 하다. 교촌 모과차의 향이 가르쳐 준 진실이었다.

장에 가는 길

신 순 자

산길을 걸어 읍내로 간다. 아버지는 긴 대나무 빗자루 뭉치를 가로질러 졌다. 나는 옆으로 나란히 걷지 못하니 아버지 뒤에서 발걸음을 쫓으며 따라간다. 겨울바람이라도 다행히 등으로 부니 얼굴이 옆으로만 바람을 맞아 덜 시렵다.

겨울이 되면 집 뒤 대밭에서 베어 온 대나무를 바깥마당에 그득히 쌓아 둔다. 여름엔 시끄럽던 대밭을 지나던 바람 소리도 한숨 잦아든다. 말린 댓잎을 훑어내는 것은 우리 다섯 형제들이 할 일이었다. 댓잎을 훑을 때 푸른 댓잎의 시원한 풋내와는 다른 살짝 발효된 홍찻내가 났다.

대나무의 중심 기둥은 빗자루의 손잡이로 들어가고 가는 가지는 빗자루의 솔을 만든다. 손잡이에 가는 가지를 둥그렇게 말아서 모양을 잡고 칡으로 감아 단단히 묶어주면 자연으로만 만든 대빗자루였다. 내구성으로야 요즘의 플라스틱 빗자루를 따를 수 없다. 시멘트 콘크리트 바닥을 대빗자루로 쓰는 것은 안 맞을지도 모른다. 그러나 집에 누군가라도 온다하면 대빗자루로 마당을 쓸어 손님을 맞이하는 것이 첫 번째 예의였다. 손님이 온다고 하면 아버지가 마당부터 쓸라고 했던 이유인 것 같다. 정갈하게 쓸어 만든 빗자루 결을 밟고 들어서는 기분은 새하얀 눈 위에 첫 발자국을 낸 것처럼 산뜻하다.

긴 빗자루를 버스에 싣는 것도 미안한 일이기도 했거니와 비포장도로를 두 시간 넘는 간격의 버스를 탄다는 것도 낭비여서 대빗자루 팔러 가는 날은 늘 걸어갔다. 한 고개 넘어가는 정상에는 성황당으로 모시는 일명 '여자나무'가 있었는데 이곳은 한 번은 쉬고 가면 딱 좋은 지점이었다.

여자나무는 다 벗은 형상으로도 비틀어지거나 수그러듦 없이 참 당당히도 마을을 향해 서 있는 풍채였다. 지금도 액운 떨구는 붉은 색 리본부터 노랑, 초록 등 각양각색의 끈들이 사람들 손이 닿는 가지마다 빼곡히 묶여 있다. 수많은 사람들 가슴 속의 기룬 마음을 꽁꽁 맨 채 작은 바람에도 펄럭이며 하늘에 빌어주는 듯하다.

아버지와 무슨 얘기를 하며 장길을 갔는지는 기억이 없다. 그러나 그 하루를 이토록 내내 기억하는 것은 두 가지 장면이 흩어지지 않고 남아 있기 때문이다. 검고 윤기 나는 짜장면을 한 번 먹어보려고 따라 나선 날이었는데 빗자루가 시원찮은 가격에 팔렸는지 중국집에는 못 가고 허름한 풀빵 가게에 들어갔다. 한나절이 지나 배가 고팠기에 무얼 먹어도 맛있을 참이었다. 지금이나 그때나 따뜻한 김과 함께 풍기는 굽는 냄새는 그냥 지나치기 어렵게 하는 것이 있다. 국화빵 한 접시를 아버지와 먹고 있는데 옆 테이블에서 고등학생 오빠들이 그야말로 마파람에 게눈 감추듯 풀빵 한 접시를 단숨에 비우고 더 먹고 싶어 하는 눈치가 역력했다. 그때 아버지가 그들에게 더 먹으라며 주인에게 주문을 내자 오빠들은 연거푸 고개를 숙이며 고맙다고, 잘 먹겠다고 인사를 했다. 나와 아무 상관 없는 사람의 별것 아닌 호의로 정말 행복하게 먹던 모습이 그 달달한 냄새와 함께 남아 있다. 아무리 양껏이라고 해도 풀빵이니 얼마 안 되는 돈이었다지만 고민 없이 흔쾌히 사주는 아버지가 참 좋았다. 어느 정도 풀빵을 먹고 배고픔이 가시자 오늘 짜장면을 못 먹었다는 아쉬움이 비집고 들어왔다. 그러나 곧 짜장면을 먹었으면 이런 일이 없었을 거라는 생각이 들자 저절로 달래어졌다.

그리고는 아버지는 막걸리 한잔 하고 집에 들어갈 요량으로 포장마차에 갔다. 그곳은 이미 아버지 나이 또래로 가득하고 담배 연기도 자욱했다. 잔 막걸리는 안주를 따로 시킬 것도 없이 앞에 둔 계란을 까먹는 것이었는데 아버지는 나에게도 하나 까먹으라고 집어 주었다. 잘 삶아져 껍데기가 훌훌 벗겨지는데 일반적인 삶은 계란처럼 뽀얀 것이 아니었다. 검은색으로 역시 윤기는 있었지만 오독오독 씹히는 것이 소금을 친 것보다 더 짭조름했다. 이는 곤계란이라고 하여 맛있게 먹었는데 나중에 알게 된 것은 곤계란이 달걀이 부화하는 과정에서 실패한 곯은 달걀이라는 것이었다. 그때 그것을 알았다면 아마 먹지 않았을 것 같다. 부화하다 만 병아리를 삶아 먹는다는 것은 좀 꺼려지고 곯았다는 말부터 거부감이 들었기 때문이다. 그럼에도 나는 막걸리를 먹거나 부화라는 말을 들을 때면 꼭 이 곤계란이 떠오른다. 거기다가 저 먼 신라의 고승 원효대사가 당나라로 가는 유학길에서 해골물을 먹고 나서 얻은 '모든 일은 사람의 마음 속에 있다'는 깨달음을 생각한다. 먹을 때 참 맛있었는데 그게 곤계란이라니 참. 그 쫄깃하고 오도독하게 씹힌 것은 병아리의 주둥이와 날갯죽지였을 것이고 조금 힘을 주어 지긋이 씹은 것은 등줄기를 잡아줄 척추였을 것이다. 치킨과 백숙을 넘치도록 먹어도 한 번 먹어보지 못할 연한 닭의 연골과 닭의 부리를 나는 그때 먹어 보았다. 앞으로도 없을 일인 것 같아 나름 소중하다.

아버지는 칠십이 넘은 평생을 윤택하게 살아본 일이 없다.

농부로서 게으르지는 않았지만 농사일은 여전히 서툴러서 윤기나게 작물을 키워 돈을 번 일도 드물다. 간혹 직장에서 부모 형제나 지인들이 농사지은 것을 팔아주기 위해 홍보하는 일이 있는데 나는 부모님 것을 내어놓지 못한다. 마음은 그렇게 하고 싶지만 시세보다 좀 적게 받아야 할 것 같기 때문인데 부모님께 시세보다 싸게 팔아주겠다는 말은 하기 싫어 그냥 편하게 농협에 내라고 한다. 경제적으로 여유는 없었지만 나보다 좀 어려운 사람 있으면 받을 생각 없이 돕는 아버지. 나도 신세지기보다는 돕는 것이 차라리 마음 편하게 여겨지는데 이는 아버지에게 받은 것 같다.

털털거리는 비포장길을 한 시간 넘게 타고 장에서 돌아오는 길. 탈탈거리는 버스에서 배가 하도 접혔다 펴졌다 하니 돌아올 때는 꼭 멀미를 했다. 그래도 다음 장에 갈 때는 짜장면을 사주겠다고 한 아버지의 말에 빙긋이 웃음 짓던 그때가 가끔 그립다.

人生의 맛이 쓰고 매울 때

우 옥 자

人生의 맛이 쓰고 매울 때, 우리는 어딘가를 그리워하고 다른 시간을 상상한다. 우여곡절 끝에 휴가를 얻었다. 왜 하필 몽골인가? 나는 대답하기 어렵다. 왜 그 사람을 사랑하는가? 이런 물음과 같기 때문이다.

저녁 7시에 인천공항을 출발하여 몽골 울란바토르 공항까지 3시간이 걸렸다. 인문학습원의 몽골학교에서 강의를 맡았던 이평래교수가 일정을 짜고 안내하는 여정이어서 망설임 없이 따라 나섰다. 일행은 모두 16명이었다. 공항에서 현지 가이드와 만나서 호텔까지 이동하니 밤 12시가 넘었다. 6시 모닝콜, 여행 중 2,000km를 강행군할 것이라는 말을 기억하며 잠을 청한다. 개 짖는 소리가 늑대울음처럼 들린다. 낯설다. 어둠 속의 울란바토르의 불빛이 아득하다

'비양고비' 가는 길

해발 1,300m의 고도의 땅, 유라시아 초원의 시작, 아스라한 지평선 끝으로 외줄기 길이 이어진다. 기원전 3세기부터 흉노시대, 선비시대, 유연시대, 돌궐시대, 위구르시대, 거란시대를 거쳐, 몽골제국시대, 청의 지배시대, 몽골인민공화국시대 등, 격변기를 거쳐 동구권의 몰락과 함께 1992년 지금의 몽골국이 시작되었다. 농사를 지으려면 연 강수량이 500밀리 이상 되어야 하는데, 비가 적어 농경은 적합하지 않으

며, 북쪽에는 러시아, 남쪽에는 중국이 있어 몽골은 육로가 막혀 교역이 제한되는 고립된 환경을 가지고 있다.

초원을 한없이 달리다 보면 길가의 '오보' 를 만나게 된다. 돌무더기에 버드나무 가지를 꽂고 푸른 천을 걸어 놓은 곳으로 우리나라의 성황당과 비슷하다고 한다. 천은 하닥(khadag)이라고 하며, 티베트에서 온 것이라고 한다. 하닥은 몽골인이나 티베트인들이 상서로움과 극진한 정성을 표시할 때 사용하는 가느다랗고 긴 비단 천으로, 가장 흔하게 쓰이는 것이 푸른색이다. 원래는 5색이었으며, 티베트의 샤머니즘과 불교적 기물로서 몽골의 어디서든지 자주 볼 수 있다. 몽골인들은 하닥이 걸려있는 곳은 성스러운 곳으로 여긴다. 돌을 던지며 3번을 돌면서 먼 길에 무사하기를, 혹은 소망을 빈다고 한다. 나도 행운과 평안을 위하여 주위를 3번 돌며 소망을 읊조려보았다.

아침 8시에 출발한 우리는 5시간을 쉴 새 없이 달려 '고양고비' 에 닿았다. '고양고비' 는 고비사막의 초입이며, 초원 속에 형성된 사막이다. 지금도 사막화가 진행 중이라고 한다. 쌍봉낙타를 타고 고양고비 사막을 넘어갔다. 난생처음 타보는 색다른 경험이었다. 낙타의 등에서 바라다본 모래언덕과 초원, 사막을 건너간 바람의 길, 모래언덕에는 바람의 무늬가 새겨져 있다. 사막은 쓸쓸하다. 쌍봉낙타들이 무리지어 무릎 꿇고 앉아있는 모습도 슬프다. 나를 태운 낙타가 무릎을 꿇고 앉아 있다가 벌떡 일어서는 순간, 문득 긴 발을 구부리고 앉을 때의 낯설고 아찔한 느낌은 좀처럼 지워지지 않았다. 그 걸음걸이가 주는 느릿느릿한 리듬이 아직도 내 몸 어디에 흐르고 있다. 순하고 슬픈 낙타의 눈 주위로 달려드는 날파리들을 연신 꼬리로 쫓는다. 지금은 가난한 몽골인들의 수입을 위해 관광객을 태우고 사막으로 걸어가는 낙타들, 순박한 몽골인의 검게 그을린 얼굴과 낙타의 모습이 닮았다. 우리의 가슴도 사막화가 진행되고 있는 것일까.

몽골 최초의 사원 〈에르덴 조 사원〉

몽골제국의 수도 '하르호링' 의 옛 지명은 '카라코롬' 이라고 한다. 이곳은 몽골제국의 2대 칸인 오고타이 시대에 건립된 최초의 도성이고 '에르덴 조' 는 그 폐허 위에 1586년 건립한 티베트불교(속칭 라마교)사원이다. 징기스칸은 1218년 중앙아시아 원정을 떠날 때, '카라코롬' 을 원정군의 출발지로 삼았을 정도로 몽골제국의 수도로 정치 문화의 중심이 되었던 곳이라고 한다.

1889년 러시아학자에 의해 지금의 '하르호' 주변이 몽골제국의 수도 '카라코롬' 이라는 것이 확인되었고, 20세기 초에 다양한 유적과 유물이 발굴되었다고 한다. 그러나 그 성터는 '에르덴 조 사원' 의 건립 시 모두 재사용되어 흔적 없이 사라졌고, '에르덴 조 사원' 역시 부침을 계속하다가 1965년 이후, 일부 수리를 거쳐 사원이 아닌, 박물관으로 다시 문을 열어 오늘의 모습을 가지게 되었다고 한다. 역사의 흥망성쇠에 의해 우여곡절을 겪었지만, 몽골제국의 수도인 '카라코롬' 은 몽골의 가장 아름다운 초원으로 징기스칸의 숨결이 남아 있는 곳이다. 언덕에 올라 바라본 108개의 탑으로 둘러싸여 있는 '에르덴 조 사원' 의 모습은 망망내해의 등대처럼 고독해 보인다. 과거와 현재와 미래의 불상이 나란히 모셔져 있는 법당, 티베트불교(라마교)의 영향을 받은 불탑들, 항아리 모양의 탑 가운데 부분은 게르를 형상화한 것이라고 한다. 이곳에서 오체투지의 절을 하는 소박한 몽골인들을 만났다.

초원 한가운데 거란의 성터를 찾아갔다. 대형 적성무덤인데, 기원전 12세기경의 무덤으로 사람과 동물의 뼈가 출토되었다고 한다. 무덤유적 혹은 제사유적으로 추정되며, 수백 미터에 혹석이 배치되어 있는 것이 특징이다. 몽골의 장례는 '풍장' 으로, 한 데에 놓아 자연으로 돌아가게 하는 것이다. 이것은 티베트의 천장으로 동물에게 시신을 주고 가는 것과 비슷하다. 몽골의 종교는 불교이며, 티베트불교(라마교)의 영향으로 장례문화도 비슷한 면이 있다. 성터는 무너지고 잔재들이 널브러져 있다. 시간 속에서 침묵하는 법을 익힌 옛 성터에는 풀들만이 무성하여 세월의 잔인함을 일깨워준다.

끝없는 초원과 하늘, 그리고 구름

바람을 가르며 달리는 초원. 사람은 없다. 양과 염소와 말과…… 그리고 가끔씩 하늘을 나는 독수리와…… 마냥 달리는 것뿐이다. 음식을 먹을 곳이 마땅치 않아 유목민의 집에서 궁여지책으로 가이드가 미리 준비해 온 김치에 참치를 넣은 김치찌개로 점심을 먹었다. 식사가 마련되는 동안 초원을 걸어서 언덕 너머까지 걷기로 했다. 초원은 생각보다 아름답지만은 않았다. 가축들의 분뇨가 넘쳐나는, 흙이 드러난 성근 초원이었다. 멀리 보면 마치 초록 실루엣 속에 감겨있는 산등성이나 구릉의 선들이 아름답게 느껴지지만, 가까이 다가가면 꽃도 없는 거친 풀들이 슬프도록 낮게 포복하고 있다. 몽골 초원의 거리는 가늠하기 어려웠다. 곧 정상이려니 하고 올라가는데, 한 시간을 올라가도 끝도 없는 벌판이 펼쳐졌다. 풀들은 물이 부족하여 모두 앉은뱅이이다. 가축들의 먹이로도 부족하다고 한다. 가축의 분뇨가 널린, 그리하여 알 수 없는 곤충 떼(파리? 아님 날파리?)들의 어지러운 난무亂舞로 곤욕스러웠다. 치열한 생존의 현장이다. 자연이 스스로 가축의 개체수를 조절한다고 한다. 비가 오지 않으면 풀이 자라지 않고, 풀이 자라지 않으면, 가축은 자라지 못한다. 그리고 혹독한 겨울의 눈과 바람이 생존을 위협한다. "저 푸른 초원 위에 그림 같은 집을 짓고, 사랑하는 임과 함께……" 노래 가사와 같은 잔디처럼 잘 가꾸어진 초원이 아니다. 또한 유목민들은 집시처럼 떠돌아다니는 것이 아니라, 계절별로 풀이 좋은 곳을 찾아서 자리를 이동하며 가축을 키우는 것인데, 이동하는 곳이 일정하게 정해져 있다고 한다. 그들은 아침이면 가축들을 초원으로 내보내고, 저녁이면 말을 타고 초원에 흩어진 가축들을 몰고 돌아온다. 유목민들에겐 인위적인 것이 없다. 그대로의 삶, 자연이 주는 대로, 최소한의 것으로 그것에 족하며 살아가는 것이 그들의 삶의 방식이다. 몽골인들은 눈이 좋다. 멀리 보기 때문이란다. 인간의 삶도 멀리 내다본 것일까. 오염과 공해, 자원고갈로 막다른 길을 치닫고 있는 오늘, 몽골은 자연의 보고이기 때문이다.

지금 몽골은 여름이다. 이때를 넘기면 혹독한 추위로 여행하기가 어렵다고 한다. 몽골의 유명한 나담축제도 여름에 열린다. 태양이 강렬하게 쏟아지는 한낮, 땡볕 속을 걸어간다. 땀이 비 오듯 쏟아진다. 광활한 벌판과 확 트인 시야, 하늘이 내려앉은 지평선, 마치 잡으면 잡힐 듯한 구름, 거칠 것 없는 저 초원의 말들, 그 건강한 원시성에 매료된다. 자본주의 도시에 찌들대로 찌든 방문자에게 몽골 초원은 낯설고 경이롭다. 카페에서 우아하게 커피를 마시는 유럽의 고대도시와는 사뭇 다른 거칠고 투박한 느낌이다. 진정한 고독이 무엇인가, 비정함 속에 깃든 평화를 생각하게 한다. 자동차의 보닛을 열고 공기청소기로 먼지를 날려 보내듯, 내 머릿속에 가열된 잡념과 욕망들이 일순 날아가 버리는 후련한 기분이다.

'아라이 항가이' 산맥을 넘어 '쳉헤르 온천'

'쳉헤르온천' 으로 가기 위해 '아라이 항가이' 산맥을 넘는다. 끝없는 초원을 달린다. 초원의 길은 정해진 것이 아니다. 차들이 다니기 시작하면 곧 그것이 길이 된다. 항가이 산맥을 넘어가면서 펼쳐지는 들꽃이 만발한 초원. 몽골에서 볼 수 있는 가장 아름다운 초원이라고 가이드가 설명한다. 낮에는 구름이 좋았다. 흰 뭉게구름이 광활한 하늘을 유유히 흘러갔다. 그러다가도 밤이면 비가 왔다. '쳉헤르온천' 에 도착하여 숙소를 정한 후 말타기를 하였다. 고대했던 체험인지라 마음이 설레었다. 내가 탄 놈은 좀 거친 검정색 말이었다. 그래도 잘 생겼다. 늠름한 각선미와 암팡진 엉덩이를 가진 젊은 말이었다. 가끔 뒷발질을 해서 나를 놀라게 했지만, 걷는 동안 말과 함께 일치하는 속도감과 리듬감을 느끼는 것만으로도 행복했다. 나는 욕심을 내서 한 번 더 타고야 말았다. 초원을 달리지는 못했지만, 말을 타고 초원을 거니는 기분은 충분히 나를 행복하게 했다. 몽골사람들이 말을 사랑하는 마음을 알 것 같다. 저녁식사 후, 온천을 하고 자리에 눕자, 빗방울이 떨어지기 시작했다. 자정 무렵에는 제법 비가 많이 왔다. 그러나 '하르호링' 유원지와 달리 게르가 잘 정비되어 있었고, 친절하게 장작불을 피워 실내를 따뜻하게 해 주었다. 낮에는 덥지만, 밤이면 고도가 높아 서늘했다. 밤중에도 몇 번이나 찾아와 불을 돌봐 주었다. 이곳은 몽골인들도 오고 싶어 하는 유명한 온천관광지라고 한다. 몽골의 유명한 온천답게 숙소(게르)의 규모나 사워시설이 제법 갖추어져 있다. 물론 한국의 사우나 같은 것을 생각한다면 너무도 거리가 멀다. 자연 속의 소박한 온천이라고 해야 할 것이다. 일어나 보니 무리한 말타기로 인한 뻐근함도 따뜻한 온천을 한 덕분인지 상쾌했다. 生은 다시 시작되고, 아름다운 아침이 내게 왔다.

어제 말을 타고 간 언덕을 다시 가보기로 했다. 들꽃이, 에델바이스가 지천이었던 그곳. 새벽부터 풀을 뜯는 양과 말들…… 어느 게르의 굴뚝에서 연기가 올랐다. 멀리서 망을 보던 개들이 다가왔다. 늑대만한 큰 개 4마리이다. 사람은 보이지 않는다. 갑자기 두렵기도 했지만, 애써 담담한 척, 모르는 척 짐짓 앞으로 걸어갔다.(이평래 교수가 다음부터는 혼자 나가지 말라고 단단히 주의를 주었다.) 한참을 따라오더니 저만큼 가버린다. 드디어 에델바이스가 지천으로 핀 들판에 다다랐다. 마침 새벽의 햇살이 구름 속에서 얼굴을 내밀었다. 인간이 자연의 오묘함을 어찌 설명할 것인가. 사진으로 이 조용한 아침의 아름다움을 결코 남길 수 없을 것이다. 그러나 그 실루엣이라도 가지고 싶어 연신 셔터를 눌렀지만, 돌아와서 보니 건진 것은 별로 없었다. 몽골의 꽃들은 작고 앙증맞다. 비가 적게 오는 곳이어서 모든 꽃들은 마디게 자신의 생명을 갈무리한다. 그래서인지 깊고 진한 눈빛을 가졌다. 젖어있는 꽃들과 여린 잎사귀들이 빛을 받아 깨어나는 아침, 세상에서 가장 깨끗하고 순결한 아침이다. 어린아이처럼 순진무구한 시간이다. 내 마음 어느 구석에 접혀있던 시간의 갈피가 스르르 펼쳐지며, 듬뿍 햇살을 품고 빛나는 걸 느낄 수 있었다.

맑은 타미르 강과 체체르렉

체체르렉 박물관은 400년 된 박물관이라고 한다. 비가 왔다. 비에 젖은 꽃들과 박물관의 전경이 고즈넉하다. 모든 것이 야단스럽지 않고 세월 앞에 담담한 모습이다. '체체르렉'은 이국적인 분위기가 나는 도시다. 몽골에는 도시가 별로 없는데, 꽤나 유서 깊은 도시라고 한다. 이곳에서 몽골의 생활상과 의복, 그리고 그들의 풍습을 조금은 엿볼 수 있었다. 유목민이기에 제한적인 환경이었지만, 거칠고 힘찬 그들의 기상이 느껴졌다. 물론 식사다운 식사를 할 수 있었다.

돌아오는 길에 몽골의 한강과 같은 타미르 강가에 도착하였다. 몽골국민 국민소설 〈맑은 타미르 강〉의 무대가 된 타미르 강. 마침 날씨가 흐려 어둡고 쓸쓸하였다. 좀 더 시간을 보내지 못한 것이 아쉽다. 다만 이평래교수가 들려주는 '맑은 타미르 강'의 줄거리를 듣는 것으로 만족해야 했다. 어느 곳, 어느 시대이건 역사의 소용돌이 속에서도 사랑은 피어난다는 것, 그리고 영원하다는 것, 저 흐르는 강물처럼 말이다. 바람이 강을 흔들고 있다. 수없는 갈피에서 울음이 터져 나온다. 어제의 강도, 미래의 강도 아닌, 내 앞의 강이 내게 흘러들어 온다.

돌아오는 길에 '오보'를 보았는데 말 머리가 하나 놓여 있었다. 몽골사람들은 말을 좋아한다. 나담축제에서 말타기를 겨루기 위해 몽골인은 말을 조련한다. 사랑하는 말이 죽으면, 극락장생을 위해 말머리를 잘라 '오보'에 갖다 놓는다고 한다. 누가 그토록 사랑하던 말이었을까? 얼마 되지 않아서인지 아직은 살아있는 듯 눈을 뜨고 있다. 결국 백골로 남을 때까지 바람과 햇살 속에서 시간을 말릴 것이다.

사막의 별 '다시칠렝'

사막의 한가운데, 작은 호수가 있는 '다치칠렝'에서 짐을 풀었다. 모랫길을 30분 정도를 들어간, 그야말로 초원 속의 한적한 곳이다. 개인이 운영하는 작은 휴양지라고 하는데, 주변이 무척 아름다웠다. 모래언덕에 둘러싸인 가운데 작은 늪과 같은 호수에는 풀들이 무성했다. 말하자면 사막의 작은 오아시스인 셈이다. 여행객은 우리뿐이어서 더욱 호젓했다. 여행 내내 낮에는 햇살이 뜨겁고, 밤에는 구름이 끼고 비를 흩뿌렸다. 그래서 그동안 별을 보기 힘들었다. 별을 보게 해 달라고 기도했다. 기도가 통한 것일까. 오늘은 유난히 황혼이 아름다웠다. 우리는 별을 보리라 예감하였다. 저녁을 먹고 모래언덕으로 올라갔다. 설렘과 기쁨으로 흥분되었다. 마치 별을 보기 위해 이렇게 멀리 중원의 한복판까지 흘러온 것처럼. 나는 미리 준비해 온 와인과 간단한 안주를 들고 모래언덕으로 올라갔다. 모래언덕에 담요를 깔고 누워서 하늘을 보았다. 별들이 하나둘 떠오르고, 은하수가 선명하게 흘러가는 하늘가로 별똥별이 셀 수 없이 떨어졌다. 북극성이 손에 잡힐 듯, 바로 머리 위에서 빛났다. 뭐라고 더 이상 표현할 수 있을까? 한계 앞에서 할 수 있는 것은 침묵하는 것이다. 몇몇이 노래를 불렀다. 12시가 넘도록 질리도록 별을 보고, 시를 낭송하였다. 추워서 더 이상 견디기 어려워지자, 우리는 마지못해 언덕을 내려왔다. 어린 왕자처럼 사막의 여우를 만나는 꿈을 꾸었다.

이곳의 아침 일출도 장관이었다. 모래 언덕 저편으로 떠오르는 해. 웅크리고 앉아 숨죽여 그 순간을 기다렸다. 싱싱한 햇살이 사막에 번진다. 모래언덕이 햇살에 젖는다. 전깃줄에 참새가 앉아 있다. 오랜만에 보는 참새떼다. 새벽빛을 받으며 한가롭게 풀을 뜯는 소들, 새끼말도 부지런히 어미의 젖을 먹는다. 노란 꽃들이 이슬을 머금고 지천으로 피어 있다.

풀들은 호수에 어린 제 그림자를 바라보고 있다. 우리가 묵었던 숙소는 사막의 수도승처럼 모래언덕에 묵언정진 중이다. 세상에서 가장 고요한 아침이다. 나는 아침을 사랑한다. 밤을 넘어오는 저 첫 빛을 사랑한다. 이곳에서의 아침, 그러니까 맑고 힘찬 햇빛의 향연 속에 깨어나고 있는 저 사막, 오아시스의 아침을 영원히 잊지 못할 것 같다.

지상의 마지막 낙원 '도강하드로'

제5일, 우리들은 모두 지쳐가고 있었다. 잠자리도 거칠고 제대로 씻지도 못해 불편하기도 했지만, 가장 힘든 것은 먹는 것이었다. 아껴 먹던 밑반찬도 바닥이 났다. 울란바토르에서 출발하여 서쪽으로 천 킬로를 이동하여 '체체르렉' 까지 갔다가 다시 돌아오는 여정의 끝에 낙원처럼 '도강하드로' 가 기다리고 있었다. 울란바토르까지 거의 와서 북쪽으로 2시간 정도 올라갔다. 북쪽은 러시아가 가까워서인지 좀처럼 보기 힘든 산과 나무들이 나타났다. 그동안의 몽골과 사뭇 다른 풍광이 펼쳐지고 있었다. 포장도로를 1시간 반 정도 달린 후, 비포장도로를 1시간 정도를 달렸다. 비포장도로는 거의 다듬어지지 않은 거친 길이었다. 이곳은 다른 곳과 달리 소가 많이 방목되고 있었다. 어린 송아지와 어미 소들, 그리고 양과 염소들, 멀리 게르가 흰 점처럼 흩어져 있다. 몽골의 다른 곳과 달리 목가적인 분위기를 풍겨준다. 한참을 가다 보니 기암바위로 된 산이 나타난다. 우리가 머물기로 한 '도강하드로' 의 공룡박사님이 운영하는 휴양지는 기암바위로 된 산 중턱쯤에 있다고 한다.

그런데, 아뿔싸! 앞서 가던 일행의 차가 산자락의 늪에 빠졌다. 눅눅하고 미끄럽고, 한번 빠지면 헤어 나오기 어렵다고 한다. 요즈음 몽골에 비가 자주 와서 그렇단다. 우리는 차를 가지고 올라가는 것을 포기하고, 걸어서 올라가기로 했다. 뜨거운 태양을 등지고 30분쯤 길도 없는 언덕을 올라가니 들꽃이 만발한 아름다운 초원이 나타났다. 그곳에 잘 지어진 통나무집과 몇 개의 방갈로와 그리고 게르가 아담하게 자리 잡은 별천지가 나타났다. 안주인은 들꽃과 아름다운 초원을 위해 가축의 방목을 심각하게 고민하였다고 한다. 그리고 가축들을 방목하지 않기로 결정한 덕분에 야생화 낙원을 얻었다고 말했다. 나무 그늘아래 평상에 누워 바람과 하늘과 꽃들의 속삭임을 들었다. 오랜만에 한국 밥상으로 푸짐하게 늦은 점심을 먹은 후, 나른해진 몸은 마치 고향으로 돌아온 듯 소나무 아래 평상에서 낮잠에 빠져들었다. 밝은 바람과 잘게 부서질 듯 아롱거리는 햇살, 멀리 점점의 목축들, 흐드러진 꽃들, 짙게 드리워진 그늘, 아무 소리 들리지 않는 고요함, 지친 심신을 쉬기에 정말 좋은 곳이었다. 문명의 이기에 길들여진 자신의 한계를 부인할 수 없는 고단함이 밀려왔다. 첫 번째 게르가 내가 묵는 곳이다. 안주인이 전기장판을 마련해 주어서 모처럼 쾌적하게 쉴 수 있었다. 공기는 맑고 바람은 깨끗하고, 오랜만에 샤워까지 하는 호사도 누렸다. 자연 속의 아름다운 휴식이었다. 달콤했다. 안주인은 여름도 아름답지만, 가을이면 자작나무 숲의 단풍은 너무 아름답고, 겨울의 설경도 더없이 아름답다고 말했다. 일행 중 한 명은 이곳에 다시 와서 제2의 삶을 살아보겠다고 포부를 밝혔다. 아무도 믿지 않았지만, 고개를 끄덕이며, 그냥 행복한 시간이 천천히 지나가기를 바랐다.

이곳은 이융륭 공룡박사가 5년간의 노력으로 일군 휴양지이다. 50대 중반쯤으로 보이는 그는 한국의 외교관으로 몽골에서 근무하다가 어느 날 공룡에 관한 관심을 갖게 되어 공룡연구를 시작하였다고 한다. 몽골은 세계 3대 공룡화석지이며, 몽골의 공룡연구는 매우 독보적이라고 한다. 아직도 고비사막에는 공룡의 화석들이 발견되고 있다고 한다. 또 울란바토르에는 공룡박물관이 있는데, 그곳에서 공룡의 화석을 볼 수 있을 것이라고 했다. 공룡연구에 얽힌 이야기와 인생전환의 드라마를 듣는 동안 해가 기울고 있었다. 이제 어떻게 살 것인가? 마음속에 질문을 던져본다. 그는 "그분이 오셨다"라는 말로 전환의 순간을 익살맞게 표현하였다. 아직 내겐 그분이 오지 않은 것일까?

저녁에는 돼지고기 숯불 바비큐로 흥겨움을 더했다. 한국의 음식으로 즐거워졌다. 보드카의 독함도 여독을 풀기에 좋았다. 몽골에서의 마지막 밤이 깊었다. 밤이 깊을 무렵, 비가 오기 시작했다. 돌아가고 싶지 않았다. 밤새 빗소리가 거셌다. 게르를 두드리는 빗소리와 수풀 속을 지나가는 비바람 소리에 잠이 오지 않았다. 하늘을 향해 난 게르의 천창(몽골어로 토너)에서 빗방울이 떨어졌다. 빗방울의 울림이 가슴속으로 낙하하는 느낌이다. 아득한 공명을 끌고. 몽골은 연 강수량이 200~300밀리 정도라는데, 너무 반가워 이토록 완곡하게 붙잡는 것일까. 몽골의 마지막 밤이 뒤척인다.

아침이 되어도 비는 그치지 않았다. 걱정은 현실이 되었다 어제는 2㎞ 정도의 산등성이를 걸어서 올라왔는데, 내려갈 일이 걱정이었다. 인근에서 지원된 지프차 한 대로 일행은 여러 번 나누어 겨우 아래로 내려올 수 있었다. 길도 없는 초원을 곡예운전을 해서 내려왔지만, 우리 차가 결국 땅이 무른 초원에 빠져서 한 시간이 넘도록 지체하였다. 안간힘을 써서 겨우 큰 도로까지 나올 수 있었다. 덜컹거리는 차의 요동에 내장들이 온통 뒤섞인 기분이지만, 오지가 주는 천연덕스러운 심술이 싫지 않았다. 우중의 벌판을 내다보았다. 내 생애 언제쯤 다시 올 것인가? 아마 다시는 오기 어려울 것이라는 생각이 들자 울컥 뜨거운 것이 치밀었다.

울란바토르 몽골의 유목문화

울란바타르는 몽골의 수도다. 사면이 산으로 둘러싸인 곳이다. 유목문화가 발달한 몽골에서 인구의 절반 이상이 울란바토르에 거주한다고 한다. 21세기에 유목문화는 설 땅이 없다. 몽골인들은 유목을 포기하고 도시로 몰려들었다. 계획되지 않은 도시는 교통체증이 심하고 혼잡하다. 도로는 좁고 공사 중이거나 파헤쳐져 있다. 자본주의의 맛을 본 울란바토르는 개발의 몸부림 앞에 몸살을 앓고 있다. 국회의사당이 있는 광장에는 '징기스칸' 의 동상이 있다. 바람을 가르며 초원을 달리던 불세출의 영웅은 지금 무슨 생각에 잠겨 있을까

울란바토르 시내의 역사박물관. 이평래교수의 설명을 들으며, 몽골의 역사적 기록과 유물을 둘러보았다. 영광과 좌절이 점철된 몽골인들의 삶은 가시밭길이었다. 징기스칸은 어떻게 가난한 유목민들을 이끌고 역사상 유래없는 대제국을 건설했을까? 그리고 세상을 다스리던 대제국이 지금은 가난한 나라로 전락했을까? 마지막 남은 자원의 보고로 몽골의 가능성은 깨어날 것인가? 한 번의 방문으로 답을 얻을 수는 없을 것이다. 다만 그 열쇠를 초원을 가르는 바람을 닮은, 몽골인들이 가장 사랑하는 말[馬]에서 찾을 수 있지 않을까. 국가의 흥망성쇠와 인간의 삶이 어떻게 운명을 같이 하는가? 역사 앞에서 겸허하게 뒤돌아본다.

몽골의 자연사박물관은 공룡화석과 약 2만여 점의 동식물

및 광물을 전시하고 있는 곳이다. 낡고 열악한 건물이지만, 내용을 알차고 세계적이다. 특히 고비사막에서 발견된 공룡 화석들은 가히 독보적이다. 그동안 공룡에 대해 특별한 관심이 없었지만, 거대한 공룡의 화석이 온전히 재현된 공룡전시실 앞에서 그 크기에 입이 다물어지지 않았다. 사진 촬영을 금하고 있어 아쉬웠지만, 실제 화석을 본 것은 처음이었다. 아직도 고비사막에서는 공룡의 화석들이 발견되고 있다고 한다. 특히 몽골의 천연자원은 무궁무진하다고 하니 미래의 가치를 가늠하기 어려울 뿐이다.

몽골의 종교는 불교이다. 티베트를 건너온 라마불교의 총본산인 '간단사'를 일정상 보지 못한 것이 아쉬웠지만, 몽골의 전통문화예술의 정수라고 할 수 있는 공연을 관람할 수 있어 다행이었다. 징기스칸 복장을 한 가수가 몽골의 일반인들이 즐겨듣는, 우리의 트로트 같은 노래를 부르고 있다. 유장하고 뭉근하다. 몽골의 전통악기 마두금을 연주한다. 2줄로 이루어진 악기로 그 울림과 깊이가 바람소리를 닮았다. 기타의 모습과 비슷했지만 맨 윗부분에 말의 모습이 새겨져 있다. 몽골의 춤은 일상의 생활을 동작으로 옮긴 것이라 한다. 유목민의 동작이 경쾌하고 발랄하다.

노마드와 고독

한동안 징기스칸의 리더십이 화두가 되었던 적이 있다. 어떻게 유목민의 자식으로 태어나 세계를 정복할 수 있었는가에 사람들의 호기심이 쏠렸다. 물론 징기스칸 개인의 탁월한 인간적 면모가 있지만, 세계를 정복할 수 있었던 힘은 아마도 몽골인(유목민)이 가장 사랑한 말, 말[馬]의 기동력이었을 것이다. 바람을 가르며 황야를 종횡무진 달릴 수 있는 힘, 지금은 그 힘이 무엇으로 대체되고 있는가?

'노마드(nomad)'는 유목민, 혹은 유랑자를 뜻하는 말이기도 하지만, 특정한 삶에 매이지 않고 끝없이 자기를 부정하며 새로운 자신을 만들어 가는 현대인의 특성을 의미한다. 이진경은 노마디즘*은 기존의 가치와 삶의 방식을 부정하고 불모지를 옮겨 다니며 새로운 것을 창조해 내는 일체의 방식을 의미하며, 철학적 개념뿐만 아니라 현대사회의 문화 · 심리 현상을 설명하는 말로도 쓰인다고 했다. 참 아이러니하지 않은가? 황량한 자연 속의 유목민이 아닌, 정보사회의 유목민으로 살아가는 현대인의 모습이.

저 황막한 벌판에 한 점 게르를 본다. 섬처럼 고독하지 아니한가. 우리의 모습이다. 고독을 두려워해서는 안 된다고 다짐해 본다. 고독하지 않으면 사물과 세계를 관찰할 수 있는 진지함이 발생하지 않는다. 고독하지 않는 사람은 일생동안 자신의 세계를 갖지 못하고 노예처럼 산다고 한다. 글 쓰는 사람에겐 더욱 그러하리라. 타인의 세계에 귀속되어 있는 자에게 새로운 목소리란 없기 때문일 것이다.

가도 가도 끝없는 벌판을 달렸다. 사막의 밤, 중원의 고도에서 가장 빛나는 별을 보았다. 고요한 사막의 아침을 보았다. 그리고 초원을 적시는 강, 오르홍강의 그 맑은 물소리를 들었다. 사막을 가르는 바람의 길을 보았다. 고독했기에 고행이었기에 여행은 행복했다.

* 노마디즘은 철학자 이진경이 들뢰즈의 저서《천(千)의 고원》을 강의하면서 남긴 글을 정리하여 2002년 출간한 책의 제목으로, 우리말로는 유목주의로 번역된다.

나만의 여행

이 동 희

반백이 넘도록 세상을 살아오면서, 내게 늘 여행은 일상에 지친 삶에 커다란 활력을 불어넣어 주면서 함께 한 즐거운 시간들임을 부인할 수 없다.

돌이켜 보면, 학창시절의 수학여행들, 꿈만 같았던 해외 신혼여행, 잔잔한 행복을 가져다준 가족여행들이 내 인생의 사이사이에 한 페이지 한 페이지씩 아름답게 아로새겨져 왔다.

늘 여행은 미지의 행선지에 대한 막연한 설렘과 호기심 속에서 시작된다. 길을 떠나 낯선 풍경과 처음 만나는 세상 사람들과 마주치면서, 잊지 못할 소중한 추억들을 하나둘씩 만들어가며 여행자의 영혼을 한층 더 성숙시키는 여행은 그 자체가 형언할 수 없는 엄청난 무언의 영향력을 지니고 있다.

이따금 여행 도중에 동행하는 가족이나 일행들과 마음이 맞지 않아 다소 어색하고 불편한 경우를 경험할 때도 있지만, 결국 그것도 여행의 한 과정이기에 더불어 함께한다는 마음으로 아름다운 여행을 향한 노정을 결코 멈추지 않는다. 그리하여 이런저런 해프닝과 추억들을 간직하면서, 그 와중에 자기 자신을 돌아보는 여유를 가지고, 함께하는 가족이나 일행들을 먼저 배려하고 아끼는 마음으로 여행을 보다 의미있게 한다.

이러한 여행의 참다운 의미 때문에 나뿐만 아니라 세상 사람들이 여행에 푹 빠져드는 것 같다. 나 역시 누구 못지않게 여행을 좋아하고 즐기는 편이다. 어떤 때는 마치 가출하듯 무작정 고속 터미널로 달려가 그 순간 가고 싶은 곳을 결정하여 길 떠나는 무작정여행도 이따금 즐길 만큼 여행을 무척 즐긴다.

하지만, 귀밑머리가 희어지기 시작한 반백을 넘긴 나이에 이르다 보니, 이젠 보다 다른 관점에서 나만의 여행을 꿈꾼다.

흔히 이승에 몸담고 거친 세파를 헤쳐나가며 살아가는 인생살이도 하나의 여행이라 한다. 나는 남들처럼 좋은 부모 만나지 못해 지독하게도 가난했던 어린 시절의 어려움 속에 자라면서, 늘 마음속에 굳은 다짐을 하곤 하였다. 그것은 어떻게 해서든지 지긋지긋한 가난의 굴레를 벗어나야겠다는 일념이었다. 젊은 시절부터 부단히도 발버둥 치며 정말로 정신없이 앞만 보고 살았다. 한 치 앞도 알 수 없는 인생의 미로 속에서 늘 흔들리지 않으려고 정신을 추스르며 억척스럽게 살아냈다. 그렇게 아등바등한 노력 덕분에 이루어낸 생활의 안정은 나에게 깊은 내면에서 진정한 삶의 여행에 대한 간절한 본능적인 울림을 불러일으켰다.

40대 중반의 어느 가을날 저녁, 문득 나의 서재를 바라보면서 느낀 공허함이 나에게 걷잡을 수 없는 충격으로 다가왔다. 명색이 고등학교 영어교사의 서재에는 달랑 열댓 권의 전공서적과 영어교재들, 몇 권의 소설책들뿐이었다. 참으로 한심한 나 자신의 자화상이었다. 내 스스로가 너무나도 부끄러워 견딜 수가 없었다. 그로부터 이러한 뼈저린 자기반성을 통해 새로운 각오로 책 속으로의 여행을 시작하기로 굳게 마음먹었다.

처음엔 책 읽는 습관이 몸에 배지 않아 무척 애를 먹었다. 마치 처음 가보는 낯선 여행길에서 방향을 못 잡고 여기저기 두리번거리고 헤매듯이 무척이나 당황스럽고 힘들었다. 차츰 시간이 지나면서 책 읽는 습관도 익숙해져 내가 읽고 싶었던 인문사회과학 분야의 다양한 서적들을 개론서 수준부터 깊이 있는 전문서적까지 체계적으로 읽게 되었다. 그리고 여행 도중에 정말로 아름답고 멋있는 풍경이나 순간들을 놓치지 않으려고 카메라에 찍듯이, 중요한 부분은 빨간 펜으로 정성스럽게 밑줄 그어가면서, 한 페이지 한 페이지 찬찬히 음미하며 읽어나갔다. 그렇게 나만의 여행은 나날이 커다란 즐거움으로 와 닿았다.

그리고 값비싼 책들을 구하기 위해 용돈을 최대한 절제하고 아끼고, 심지어 아내 몰래 비자금을 마련하는 것도 마다하지 않았다. 그것은 원하는 여행을 가기 위해서 상당한 기간 미리 계획을 세우고 여행경비를 마련하는 것과 다를 바가 없는 것이었다. 아울러, 다 읽은 책들은 다이어리에 번호를 매기고 책 제목, 저자, 출판사를 꼼꼼하게 적으며 스스로의 여행일지와 같은 흔적들을 남겨 놓았다.

그렇게 지난 7년 넘게 나만의 여행은 지금도 현재 진행형이다.

이른 아침 버스정류장에서 버스를 기다리면서, 그리고 버스 안에서 늘 책을 꺼내 읽는다. 버스에서 내리면 교문 건너편 편의점 앞의 의자에 앉아서 아이스 블랙커피를 마시면서 약 20분 정도 책을 읽는 호사스런 여유를 가지기도 한다. 물론, 학교 안에서나 퇴근해서 잠자리에 들 때까지 정말로 쉼 없이 독서삼매경의 여행은 결코 멈추지 않는다.

무엇보다도, 학교 도서관이나 공공 도서관, 중고 서점에서 다양한 분야의 책들을 찾아보며 보내는 시간은 더할나위 없이 즐겁기만 하다. 서가마다 빽빽이 꽂혀 있는 책들을 하나씩 하나씩 살펴보다가 내가 읽고 싶었던 책들을 우연히 발견하는 기쁨이란 형언할 수 없는 희열 그 자체다. 그것은 마치 온갖 고생을 다하며 여행하다가 눈 앞에 펼쳐진 장엄하고 아름다운 풍경에 도취되어 한순간에 여행 중의 모든 어려움을 말끔히 잊어버리고 탄성을 지르는 것과 다를 바 없다.

이처럼, 나만의 여행은 삭막한 콘크리트 숲 도시 속에서 나 스스로를 돌아보게 하고 내 영혼을 풍요롭게 해주며 나를 찾는 아름다운 인생여정 그 자체다. 시인 천상병이 그의 시 '귀천' 에서 "아름다운 이 세상 소풍 끝내는 날 가서, 아름다웠더라고 말하리라……."라고 말한 것처럼, 나 역시 책 속으로의 아름다운 여행으로 남은 생 부끄럽지 않은 삶의 여정을 갈무리하고 싶다.

시원한 가을바람이 창가에 와 닿는 오늘 밤에도 나의 서재는 쉼 없는 나만의 여행으로 불이 꺼지지 않는다.

낯설음 탐닉

정 미 경

며칠 후 여행이 있다.

달랑 배낭 하나 메고 나 혼자 떠나는 여행은 아니다.

그러나 패키지여행이 아닌 일명 자유여행을 떠난다.

이 여행을 앞두고 가장 설레는 것은 역시 낯설음과의 만남이다. 다녀온 이들이 많고, 유명 도시라 널려진 정보도 홍수를 이루지만 나에게는 낯선 것이다.

낯설음 앞에서 나는 한껏 자유로울 것이다.

어릴 적 초등학교 2, 3학년 시절. 학교 파하고 귀가하던 길, 큰길에서 우리 집이 있는 왼쪽 골목길로 접어들며, 더 이상 못 가는 큰길이 어디로 향하는지, 그 길에는 어떤 것들이 있는지 참으로 궁금해하곤 했다.

세상이 따뜻하고 콧바람이 향기로운 날, 드디어 큰길을 따라 쭉 걸어가 보기로 작정을 했다. 길에 뒹구는 돌멩이, 반짝이는 사금파리와 첫 인사를 하고, 길섶에서는 '여기서도 쇠비름이 목을 빼며 자라고, 괭이밥은 시큼하구나' 하며 반가워하였다.

처음 보는 집이며 지붕, 보리가 빽빽하게 들어차 황금빛 넘실대는 밭의 까만 돌담들이 나를 반기는 듯하여 우쭐하기도 하였다. 길은 끝날 줄을 모르고 계속 이어져 있었고 햇살이 누그러질 때쯤엔 다음을 기약하고 발길을 돌리곤 했다. 이런 나 혼자만의 소박한 여정은 조금씩 회귀 지점이 집에서 멀어지곤 했고 그것은 굉장한 기쁨이었다. 당시에 나는 '이 세상의 길이란 길은 다 걸어 볼 테야' 라는 다짐을 했는데 이 다짐은 꽤 오랫동안 유효했다.

좀 더 자라서는 어머니와 시장에 자주 갔는데 어머니께서 상인과 뭔가를 흥정할라치면 나는 슬그머니 어머니 곁을 떠나 여기저기 기웃거리며 언뜻언뜻 보이는 어머니의 옷자락을 투명의 끈으로 붙잡고는 길 잃기 놀이를 즐기곤 했다. 마치 나 혼자 이 낯선 곳에서 이방인이 된 듯했다. 그러면 사람들이 부대끼는 삶의 현실이 나에게는 하나의 풍경이 되는 묘한 구도가 잡히는데 나는 이 구도에 매력을 느꼈던 것 같다. 멀리서 갑자기 어머니가 두리번거리는 기색이면 살짝 내 모습을 보여 어머니를 기쁘게 해드리기도 하는 길 잃기 놀이는 일석이조의 장점도 있었다.

자라면서 누구나 하나쯤은 자기 혼자만 즐겼던 놀이가 있을 것 같다. 그 놀이가 어른이 될 때까지 단절되지 않고 계속 발전한다면 정말 행운일 것이다. 불행하게도 나의 20대와 30대 초반에는 해외여행이 불가한 시대였고, 해외여행이 자유로워지기 시작하면서는 생활이 나를 붙들었다.

세상일이 잘 안 풀려 답답할 때면 3D 지도 사이트를 열어 바다 깊은 곳에 펼쳐지는 낯설고 경이로운 세상을, 혹은 고도를 높이고 높여 우주까지 날아가 역시 낯설고 경이로운 세상을 보았다. 바닷속에선 육지와 제주도에 길이 있었고 태평

양에는 히말라야, 에베레스트, 사하라가 펼쳐졌다. 하늘로 날아오르면 이 세상이 아득하게 멀어지면서 지구를 튀어 넘고 저 먼 은하로 날아가면 화면 가득 별들이 총총하고 별들 사이에는 별가루가 유유히 떠다녔다.

이세상의 길은 진화를 계속하여 더 이상 걷기를 허용하지 않는다. 이제 나는 모든 길을 다 걷지 못한다. 나의 낯설음 탐닉은 언제 그칠까?

여행 가방을 싸는 손길이 지금은 짜릿하다.

■문학기행■

自由하는 영혼을 찾아서

- 시인 韓何雲을 中心으로-

이 동 희

예년과는 달리 금년 문학기행은 부천과 바로 인접한 김포로 가기로 하였다. 때마침 6월 4일은 전국 지방자치선거를 치르는 임시 공휴일이어서 여느 때보다 무척 느긋하게 오전 9시 30분에 부천교육지원청 주차장에 모이기로 하였다. 나는 이른 아침에 상쾌한 마음으로 집 근처의 투표소에 들러 투표를 하고 길을 나섰다. 나를 비롯한 김경식, 김소영, 손영자, 신순자 선생님은 두 대의 차량으로 김포 조각공원으로 가고, 김포에 사시는 우옥자, 정미경 선생님은 바로 그곳에서 합류하기로 하였다.

한 30분 가량 외곽순환고속도로를 지나서 김포시 초입에 위치한 김포 조각공원에 도착하였다. 선거를 치르는 임시 공휴일임에도 불구하고, 조각공원은 무척 한산하고 조용하여 우리는 유유자적하는 마음으로 조각 작품들을 감상하였다. 조각공원 여기저기를 산보하듯이 돌아보고 난 후에 우리는 조용한 정자에 둘러앉아 손영자 선생님이 정성스럽고 세심하게

김포조각공원 야외 전시 작품

한하운 시인의 묘소

준비해온 간식을 먹으면서 즐거운 시간을 가졌다.

그리고서 우리는 한낮의 더위 속에 나른한 몸 추켜세워 우리 문학기행의 진정한 목적지인 한하운 시인의 묘소를 향하였다. 우리 일행은 장릉 입구 주차장에 차들을 세워두고, 거기에서 동쪽으로 약 400여 미터 떨어진 김포 장릉 공원묘지로 발걸음을 옮겼다.

한하운 시인의 묘소는 공원묘지 아래 2차선 도로에서 위쪽으로 약 50여 미터 약간 경사진 곳에 자리하고 있었다. 거기에는 한하운 시인의 묘소를 가리키는 작은 팻말만 웃자란 잡초들 사이에 숨은 듯이 외로이 서 있었다. 그래서 우리 일행은 처음에 공원묘지 주변을 헤매며 그의 묘소를 찾느라 애를 먹었다. 세상에 널리 알려진 유명 시인들의 묘소들과는 달리 그의 묘소는 초라하기만 하였다. 후손들이 제대로 돌보지 못하는 건지, 아니면 공원 관리인이 소홀한 건지 6월의 햇살 속에 봉분에는 잡초들이 무성하게 돋아나 있었다. 그의 묘소는 단출한 자그마한 상돌과 비석만 서 있는 전형적인 서민풍의 묘소의 모습을 하고 있었다. 비석 앞면에는 '詩人 韓何雲泰永之墓' 라는 묘비명과 뒷면에는 그의 대표작인 '보리피리' 가 새겨져 있었다.

우리 일행은 누가 먼저라 할 것 없이 봉분의 잡초들을 일일이 손으로 뽑았다. 그러고 나서 우리는 고개 숙여 한마음으로 참배하고 스마트 폰 카메라로 그의 묘소를 찍었다. 거기에서 우리 모두는 뭐라 말로 표현할 수 없이 마음을 무겁게 내리누르는 슬픔과 무상함을 느꼈다. 그것은 시인 한하운의 처절할 정도로 쓰라린 인생사에 대한 깊은 연민에서 비롯된 공감이어서 더욱더 마음을 가누기가 힘들었다.

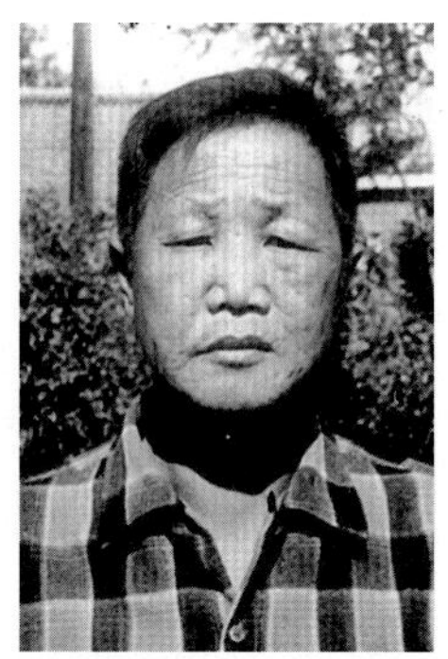
그림3 한하운 시인의 사진

한하운은 본명이 태영으로, 1920년 함경남도 함주군 동촌면에서 지식인 지주의 맏아들로 태어났다. 1932년에 함흥제일공립보통학교를 졸업하고 17살이 되던 1936년 봄에 그는 나병 진단을 확정받았다. 1937년 이리농림학교를 졸업하고 일본으로 건너가 1939년 동경 세이케이고등학교(成蹊高等學校) 2년을 수료하였다. 다시 그해 중국 북경으로 건너가 1943년 북경대학농학원에서 축목학을 전공하고 귀국하였다.

1944년부터 함경남도 도청 축산과에 근무하였지만 1945년 한센씨병(나병)의 악화로 공직에서 물러나 본명 대신에 필명인 '하운'을 쓰기 시작하면서 나병과 싸우며 문학에 몰두하기 시작했다.

1946년에는 함흥 학생데모사건 혐의를 받고 체포되었다가 석방되었고, 1949년 4월 무렵에 아우가 벌인 반공활동에 연루되어 원산 형무소에 구금되기도 하였다. 1948년에 약을 구하기 위하여 월남하여 남한의 이곳저곳을 유리걸식하다시피 지냈다. 심지어 나중에는 서울 명동에서 자신의 시들을 팔기도 하는 비참한 유랑생활을 하였다.

그 후에 투병 생활을 하면서 1950년 성혜원成蹊園, 1952년

한하운 시인의 시집들

신명보육원新明保育院, 1953년 경기도 용인에 동진원을 설립하여 운영하였고, 1953년 대한 한센연맹 위원회장으로 취임하여 나환자 구제 사업을 전개하기도 하였다. 1959년 그의 나병이 음성으로 판정되어 나병에서 해방됐지만, 1960년대부터는 절필하다시피 시를 거의 쓰지 않았다.

1966년에는 한국사회복귀협회장을 역임하고, 무하 문화사無何文化社라는 출판사를 경영하기도 하였다. 그리고 1975년 2월 간경화증으로 인천 부평 십정동 자택에서 작고하여 경기도 김포시 장릉공원묘지에 안장되었다.

그의 창작 활동은 학창시절부터 시작되었으나, 본격적인 문단 활동은 1949년 이병철李秉哲의 소개로 『신천지新天地』 4월호에 「전라도길」 외에 12편의 시를 발표하면서부터 전개되었다. 같은 해에 첫 시집 『한하운시초』를, 1955년에는 제2시집 『보리피리』를, 1956년에는 『한하운 시 전집』을 펴냈다. 그 외에, 자서전 『나의 슬픈 반생기』(1957), 자작시 해설집 『황톳길』(1960), 『정본定本 한하운 시집』(1966) 등이 있다.

그의 작품은 나환자라는 독특한 체험을 바탕으로 하면서도 감상적이지 않고 객관적 어조를 유지하고 있다는 점과 온전한 인간이 되기를 바라는 간절한 염원을 서정적이고 민요적인 가락으로 노래하고 있다는 점이 시적 특징이라 할 수 있다.

이처럼, 한하운은 한평생 천형이라 불리는 나병과 싸우면

한하운 시인의 묘소에서

서 질기도록 지독한 불운 속에서 자신의 고통과 분노, 불우하고 소외당한 삶을 시로 풀어내며 자신을 승화시키면서 영원한 자유를 추구했던 시인이다. 그의 대표작 중 하나인 '전라도길 소록도 가는 길에' 라는 시에 그 자신의 고뇌하는 내면을 감성에만 치우치지 않고 담담하게 잘 드러내고 있다.

가도 가도 붉은 황톳길
숨 막히는 더위뿐이더라.
낯선 친구 만나면
우리들 문둥이끼리 반갑다.
천안 삼거리를 지나도
쑤세미 같은 해는 서산에 남는데
가도 가도 붉은 황톳길
숨 막히는 더위 속으로 쩔름거리며
가는 길……
신을 벗으면
버드나무 밑에서 지까다비를 벗으면
발가락이 또 한 개 없다.
앞으로 남은 두 개의 발가락이 잘릴 때까지

가도 가도 천리, 먼 전라도길.

– 전라도길　소록도 가는 길에 –

우리는 한하운의 이 시를 소리 없이 읊어보며 다음을 기약하고 발길을 돌려 장릉章陵을 둘러보기로 하였다.

장릉은 조선 제14대 선조의 다섯째 아들인 정원군이 원종으로 추존된 왕릉이다. 선조 사후 광해군 집권 시절, 정원군은 집터에 왕의 기운이 서려 있다는 이유로 인하여 광해군은 그의 셋째 아들 능창군을 강화도로 유배 보내 죽게 하고, 그의 집을 몰수하여 자신의 궁궐을 지었다. 정원군은 늘 광해군이 자신의 남은 아들들을 해할지도 모른다는 생각에 노심초사하다가 결국 40세의 한창나이에 세상을 등졌다.

그가 죽은 4년 후, 1623년 동생과 아버지의 애통한 죽음을 기억하는 정원군의 맏아들인 능양군이 반정을 일으켜 조선의 제16대 인조가 되어 주위의 극심한 반대에도 불구하고, 그의 묘소를 '장릉'으로 격상시켜 피맺힌 원한을 풀었다.

우리는 매표소에서 300여 미터를 산보하듯 거닐면서 연잎들이 군무하듯 펼쳐져 있는 연지를 둘러보았다. 거기에서 다시 바로 위쪽으로 100여 미터 가량 걸어서 홍살문 너머 약간 경사진 지형을 따라 계단식으로 조성된 참도를 지나 장릉에 이르렀다. 그곳의 정자각, 비각, 수복 방을 둘러보며 모처럼 만에 저무는 오후의 유유자적하는 시간을 보냈다. 무엇보다도, 평온한 오후 햇살이 드리워진 정자각의 열린 뒤쪽 창문을 통해 바라본 장릉의 단아한 아름다움은 무척 인상적이었다.

비록 시대적 상황이나 사회적 신분의 차이는 있지만, 시인 한하운과 원종은 둘 다 살아생전에 자신들의 꿈을 펼쳐 보지

장릉의 연지

못한 채, 순수한 영혼을 가진 인간으로서 도저히 견딜 수 없는 슬픈 불우한 삶과 함께 세상을 등졌지만, 후대에 의하여 세상에 진가를 인정받은 나름의 공통점을 통해 나는 '도대체 인생이란 무엇인가?' 하는 근원적인 화두에 스스로 한동안 몰두하기도 하였다.

저무는 해를 뒤로하고 집으로 돌아오는 길에 반백이 넘도록 살아온 시간들에 대한 이런저런 상념 속에서, 시인 한하운은 마치 장릉 연지의 진흙탕 물에 피어난 수려한 연꽃처럼, 지독하게도 쓰라린 불우하고 슬픈 삶을 이겨내며 자신을 승화시킨 위대한 영혼으로 나의 가슴 속 깊이 와 닿았다.

의미 있는 하루가 잠든 한밤중에도 나는 아직 잠 못 이루고 한하운의 시에서 눈을 떼지 못하고 있다.

장릉에서

문학동인 글샘

2014년 11집
불면하는 겨울

초판인쇄 | 2014년 12월 25일
초판발행 | 2014년 12월 30일

발 행 인 | 신순자
발 행 처 | 문학동인 글샘
http://cafe.naver.com/geulsaem

펴 낸 이 | 김영은
펴 낸 곳 | 다시올
주 소 | 서울 노원구 월계동 382-55
전 화 | 070-7431-5941, 031-836-5941
팩 스 | 031-855-5941
메 일 | maxim3515@naver.com

ISBN 978-89-94414-58-4 03810

값 10,000원

* 파본은 바꾸어 드립니다.
* 이 책은 부천교육지원청의 발전기금으로 제작되었습니다.